根据《浙江省高校师范生教育实践规程(试行)》编写

中小学教育专业
见习实习研习实用手册

金建生　刘雄英　主编

教师是反思性实践者，在研究自身经验和改进教育教学行为的过程中实现专业发展。

——《教师教育课程标准》

内容摘要

本书是在多年实践基础上慢慢提炼而成的，主要体现如下特点：①权威性与经验性的结合。既考虑到实践的便利，也考虑到实践的效率，更考虑到理论的要求。②阶段性与连续性的统一。在师范生的实践能力培养上体现了三个阶段，即教育见习阶段、教育实习阶段和教育研习阶段。③理论框架与实践的结合。本书在各阶段的实践前，都明确了任务，提供了经验。

本书内容翔实，逻辑严谨，层层递进，适合师范专业学生及中小学教师参考阅读。

图书在版编目（CIP）数据

中小学教育专业见习实习研习实用手册 / 金建生，
刘雄英主编．—上海：上海交通大学出版社，2020
ISBN 978-7-313-23527-5

Ⅰ．①中… Ⅱ．①金… ②刘… Ⅲ．①中小学教育—教育见习—教学参考资料②中小学教育—教育实习—教学参考资料Ⅳ．①G632.4

中国版本图书馆CIP数据核字（2020）第248051号

中小学教育专业见习实习研习实用手册

ZHONGXIAOXUE JIAOYU ZHUANYE JIANXI SHIXI YANXI SHIYONG SHOUCE

主　　编：金建生　刘雄英

出版发行：上海交通大学出版社　　地　　址：上海市番禺路951号
邮政编码：200030　　电　　话：021-64071208
印　　刷：广东虎彩云印刷有限公司　　经　　销：全国新华书店
开　　本：710mm×1000mm　1/16　　印　　张：14
字　　数：255千字
版　　次：2020年12月第1版　　印　　次：2020年12月第1次印刷
书　　号：ISBN 978-7-313-23527-5
定　　价：68.00元

前言／PREFACE

本实用手册中的内容是在实践基础上慢慢提炼出来的，有以下特点：

第一，权威性与经验性的结合。本手册经过了几年试用，并根据实践几番修订，既考虑到了实践的便利，也考虑到了实践的效率，更考虑到了理论的要求。在内容上，根据《浙江省高校师范生教育实践规程（试行）》要求，把小学、中学类似的任务归一，不能归并的单列；在编排上，体现观察、边缘性参与、深度参与、反思等实践能力培养螺旋线，既符合省规要求，又体现出一定的学理性。

第二，阶段性与连续性的统一。首先，在师范生的实践能力培养方面，基本的共识是逐年一贯，逐年递进。本手册体现了三个阶段，即教育见习（考察性见习、调研性见习、体验性见习）阶段、教育实习阶段和教育研习阶段。三个阶段任务明确，形成一体，由低级能力培养逐渐上升到高级能力培养，又构成了教育实践的连续性。同时，教育研习贯彻三个阶段，最后进行总结性研习，完成由知到行，又由行到知的实践循环。

第三，理论框架与实践的结合。教育实践虽然是实践，但不是无知的实践，也不是试误的实践，而是有理论指导的实践。本书针对各阶段的实践，都设置了任务，同时也提供了必要的前人经验、知识点拨、要点导引和任务表格。任务表格中又提供了任务的具体框架，这样师范生就可以查到必要的理论知识，并在框架的帮助下完成实践任务。

第四，文字与视频的结合。文字资料简洁实用，比较长的资料，如课堂实录等可通过二维码识别查看；视频资料可以通过二维码识别，在手机上观看，主要是一些说课、模拟上课、优秀教师上课的实录资料。

一册在手，四年一贯。许多学校的师范专业在教育实践前都会印刷大量的见习手册、实习手册等资料，这些资料主要起到类似笔记本的功能，让学生记录实践过程，完成必要的听、上、评课任务。实践结束后还需要上交这些资料，教务或实践教师需要保存这些资料，费时费力费财，效果不好。有了这本手册，大一新生人手一册，随时使用，四年一贯，毕业上交，内容齐备，保管简便，效率更高。

本实用手册内容翔实，层层递进，且具有清晰的逻辑结构。

第一阶段是教育见习阶段，分三个环节——教育考察见习、教育调研见习、教育体验见习，安排在大一到大三。

教育考察见习的目标是：通过教育考察，使学生进一步认识教师教育工作的意义和人民教师的光荣职责，培养热爱教育事业、热爱学生的情感；熟悉中小学教育教学环境，接触教育教学实践，观摩课堂教学和教育活动，使学生了解教育教学的各个环节及其运行机制，了解教师的职业活动、学生的学习活动及思想状况。其内容是：① 学校环境与文化考察。主要是观察校园物质环境，如校园整体风貌、校园建筑布局及名称（内外部环境、楼厅、楼廊等）、校园雕塑；校园文化显性标志，如文化主题墙及主要栏目；校风及教学教育管理制度（形态、功能、布局、标语）。② 教学条件考察。主要考察普通教室（典型装饰、墙面）、专业教室（名称、设备及功能）、实验室（用途）、教学设备（名称、用途等）、操场、网络环境等条件。③ 师生一日生活考察。主要考察教师特别是班主任一日在校生活主要活动、学生一日在校生活活动。④ 课外活动考察。主要考察一周课外主要活动的类型、教师指导情况、学生活动情况。

教育调研见习的目标是：师范生能在观察现象、学习理论的基础上，带着疑问去探究基础教育，另外，有些教育现象只是表面情况，不进行深入调研是不知其所以然的，还有些教育制度需要去问、去找、去分析，这些都需要调研见习。教育调研见习的内容是：① 学校组织架构调研，需要同学们收集学校组织架构相关资料。② 学校行政与学术组织（年级组、教研组、教务处、德育处、后勤处、校长办、团委、少先队等）编排。需要同学们通过调研了解学校行政与学术组织编排及工作机理。③ 学校教育教学制度调研。需要同学们对管理者进行访谈，了解这些制度的内在联系。④ 其他同学们感兴趣的教育问题调研，如班级组织管理体系调研、班主任管理体系调研、教师职业成长调研等。

教育体验见习的目标是：带着好奇和理想亲自参与到实践中，通过参与，消化观察、调查中所积累的教育能量，用身体感受、获得自己对教育的理解。其内容是：① 课堂教学体验，综合课、单一课等需要亲自观察与参与；② 习题讲解课体验；③ 评课体验；④ 班主任助手体验；⑤ 其他教学活动参与体验。

第二阶段是综合性教育实习。这一阶段强调综合应用，提升能力。综合性教育实习是教育实践的第二环节，也是最重要的环节。师范生在学校真实教育情境中，由双导师指导，通过亲身参与、试岗操习、专题调研等方式主动参与课堂教学、班级管理和教研活动，独立完成教育教学操作任务，检验自身专业基础理论、基本知识和基本技能的掌握情况，并尝试把教育教学的基本知识运用到实践中，从而提高自己的专业能力，培养专业认同感，完成从师范生向一名准教师的转变。综合性教育实习要采取集体组织方式。

综合性教育实习的主要任务包括：① 备课与教学设计；② 说课；③ 试讲与磨课；④ 上课；⑤ 教育教学评价；⑥ 拟订班（团）队会方案；⑦ 召开主题班会；⑧ 开展班

队活动；⑨ 组织课外活动；⑩ 掌握个别谈话技能；⑪ 听课与评课；⑫ 课后反思研讨；⑬ 运用课堂观察法等开展课堂教学研究；⑭ 优秀教师访谈。

第三阶段是教育研习。这一阶段的主要目标是：针对教育见习、教育实习中的不足和缺陷进行补缺、补差、再提高。通过教育研习进一步完善自身的知识结构、能力结构、技能结构，提高心理素质。主要内容是：① 完成至少 1 节公开课并进行课后说课、评议；② 结合课例课标研习；③ 结合备课文本研习；④ 课例案例研习；⑤ 班级管理案例研习；⑥ 少先队工作案例研习；⑦ 特殊学生个案研习；⑧ 对实习期间形成的教育访谈材料（文本或视频）、教育调查文本材料的研习；⑨ 对实习总结、教育叙事、教学后记、教学案例（课例）进行分析研习。

总之，本书是在参考了现有的实践教学手册的基础上，结合使用反馈逐渐形成的，力图在理论上体现整体感知性见习、专项参与性见习、教学专项见习、教育综合实习和教育专项研习的过程，注重手册的实用性。

本书在编写的过程中参考了大量相关文献，谨此致谢。

编著者

2019 年 9 月

目录／CONTENTS

第一编　教育见习

第一单元　教育见习导论

第一节　教育见习的目标、内容与组织方式

一、教育见习的目标

《浙江省高校师范生教育实践规程（试行）》认为，教育见习是教育实践的初始环节。见习的途径和目标是：师范生进入中小学，通过观摩、了解、接触、交流等方式，整体把握中小学的组织结构与运行机制，具体了解中小学教师的职业活动、中小学生的学习活动及思想状况，熟悉中小学教师的岗位情境与职业素养、中小学生学情、教育条件与环境、教育活动与课程实施、班级管理、课堂教学、教研活动等方面内容，以期全面获得对教师这一职业的感性认知，为教育实习、自身师德塑造和专业发展奠定必要的基础。

二、教育见习的内容与组织方式

（1）小学教育见习的内容与组织方式，如表 1–1 所示。

表 1–1　小学教育见习的内容与组织方式

见习任务	主要内容	组织方式	时间要求	见习成果	备注
小学整体感知	1. 了解小学组织架构； 2. 观察校园、教室； 3. 观察学校周围环境； 4. 感受教育条件和环境； 5. 了解教师校内生活与工作情况，体悟教师工作特性； 6. 了解小学生生活、学习、家庭情况。	1. 分若干学期安排； 2. 小组方式或个别参加； 3. 远程观摩。	不少于 4 周	1. 观察记录 1 份； 2. 师生访谈记录 1 份； 3. 家访记录 1 份。	1. 召开见习动员会； 2. 召开见习总结交流会。

续表

<table>
<tr><th>见习任务</th><th>主要内容</th><th>组织方式</th><th>时间要求</th><th>见习成果</th><th>备注</th></tr>
<tr><td>教学工作见习</td><td>1. 听课与评课；
2. 观察课堂；
3. 课外辅导；
4. 批改作业。</td><td rowspan="3">1. 分若干学期安排；
2. 小组方式或个别参加；
3. 远程观摩。</td><td rowspan="3">不少于 4 周</td><td>听课笔记：
1. 听课不少于 20 节；
2. 评课稿不少于 2 份。</td><td rowspan="3">1. 召开见习动员会；
2. 召开见习总结交流会。</td></tr>
<tr><td>班队管理工作见习</td><td>1. 了解班级管理常规；
2. 了解少先队组织；
3. 了解主题班会活动。</td><td>活动观察记录 1 份。</td></tr>
<tr><td>教研工作见习</td><td>1. 了解教研组织架构；
2. 了解教研活动的筹备与开展过程。</td><td>教研典型案例报告 1 份。</td></tr>
</table>

(2) 中学教育见习的内容与组织方式，如表 1-2 所示。

表 1-2　中学教育见习的内容与组织方式

<table>
<tr><th>任务</th><th>主要内容</th><th>组织方式</th><th>时间要求</th><th>成果形式</th></tr>
<tr><td>中学整体感知</td><td>1. 了解中学组织架构；
2. 体悟教师工作特性；
3. 感受教育条件和环境。</td><td>编组（或个别）入校观察、访谈。</td><td rowspan="4">不少于 4 周</td><td rowspan="4">1. 纪实性观察报告或纪实性记录；
2. 体验性分析报告（涵盖教师课堂教学、校本教研和班级管理）；
3. 各项教育方案（涵盖课堂教学、校本教研和班级管理典型案例及分析报告）。</td></tr>
<tr><td>教学工作见习</td><td>1. 接触教育对象；
2. 了解教学组织形式；
3. 掌握课堂教学各环节；
4. 了解教学内容。</td><td>分学年编组入校观摩，或分学期远程课堂教学观摩。</td></tr>
<tr><td>班（团）管理工作见习</td><td>1. 知晓班级管理内容；
2. 了解班集体、群体和个体的心理与思想状况；
3. 了解班（团）活动组织开展情况。</td><td>分学年入校观察，或分学期远程观摩主题班（团）会。</td></tr>
<tr><td>教研工作见习</td><td>1. 了解教研组织架构；
2. 了解教研活动的筹备与开展过程；
3. 了解教研活动的要素、内涵、特征；
4. 了解校本课程开发、实施和评价情况。</td><td>编组（或个别）的方式，分学年安排观摩、观察、访谈、教研档案查阅。</td></tr>
</table>

第二节 教育见习考核方式与评价参考标准

一、小学教育见习考核方式与评价参考标准

根据见习生在见习中的表现（考勤、态度、能力）及其交回的见习材料，给出相应的教育见习成绩。教育见习成绩按等级制评定，分优秀、良好、中等、及格和不及格五个等级。对教育见习成绩不合格者，安排其重新教育见习，重新见习仍不合格者，不准其参加下一阶段的教育实习和教育研习。

小学教育见习的考核参考标准，如表1-3所示。

表1-3 小学教育见习的考核参考标准

教育见习考核指标	分值	评分
个人见习计划	10	
个人见习态度或考勤情况	10	
班级工作	10	
少先队工作	10	
听课或课堂观察	10	
评课或参加教研活动	10	
批改作业	10	
课外辅导	10	
家访或家校联系	10	
见习总结	10	
得分		
等级		

二、中学教育见习考核方式与评价参考标准

教育见习考核由各专业负责。应注重纪律、态度与实效方面的考核。教育见习考核成绩按优秀、良好、中等、及格和不及格的五级制评定。考核成绩不及格者，须重新见习，重新见习仍不及格者，不能参加教育实习。

中学教育见习的考核参考标准，如表1-4所示。

表 1–4　中学教育见习的考核参考标准

考核项目	教育见习考核指标	分值	评分
见习态度（40）	准备充分，预先自我设计专题性见习项目	10	
	出勤情况好，积极参加教育见习活动	10	
	主动完成教育见习任务	10	
	及时完成教育见习总结报告	10	
见习实效（60）	记录教育见习活动内容丰富、过程翔实	15	
	提炼出的问题具有较强的现实意义	15	
	围绕问题的思考较为深刻	15	
	能够将理论联系实际，具有一定的观察能力与反思意识	15	
得分			
等级			

第二单元　教育考察见习

第一节　教育考察见习导论

一、教育考察见习目的

(1) 通过教育考察，使师范生进一步认识教育工作的意义，实际体会人民教师的光荣职责，培养其热爱教育事业、热爱学生的情感。

(2) 通过教育考察，不仅能使师范生熟悉中小学教育教学环境，接触教育教学实践，观摩课堂教学和教育活动，还能使师范生了解教育教学的各个环节及其运行机制，了解教师的职业活动、在校学生的学习活动及思想状况。

二、教育考察内容与要求

(1) 学校环境与文化考察。主要是观察校园物质环境，如校园整体风貌、校园建筑布局及名称（内外部环境、楼厅、楼廊等）、校园雕塑；校园文化显性标志，如文化主题墙及主要栏目；校风及教学教育管理制度（形态、功能、布局、标语）。要求撰写观察报告一份。

(2) 教学条件考察。主要考察普通教室（典型装饰、墙面）、专业教室（名称、设备及功能）、实验室（用途）、教学设备（名称、用途等）、操场、网络环境等。要求撰写观察报告一份。

(3) 师生一日生活考察。主要考察教师特别是班主任一日在校生活的主要活动、学生一日在校生活的活动。要求撰写个案观察报告一份。

(4) 课外活动考察。主要考察一周课外主要活动的类型、教师指导情况、学生活动情况。要求撰写观察报告一份。

三、教育考察见习期间学生纪律

(1) 考察期间，参与考察见习的学生应严格遵守考察学校的各项规章制度，认真听取考察学校的领导和指导教师的指导，虚心学习，积极工作，团结同事，爱护学生，努力提高见习质量。

(2) 考察期间，参与考察见习的学生应做到文明礼貌、生活俭朴、服装整洁、服饰穿戴和言谈举止力求稳重，避免产生不良影响。

(3) 考察期间，见习生要强化安全意识，务必注意自身的人身、财产安全。

(4) 见习生有事外出必须向带队教师请假，经带队教师同意，办好书面请假手续后方可外出。

(5) 考察期间，严禁见习生带考察学校学生外出。

四、教育考察见习考核方式与参考标准

带队指导老师和见习学校指导老师共同根据见习生在见习过程中的表现（考勤、态度、能力）及其交回的见习材料，给出相应的教育见习成绩。教育见习成绩按等级制评定，分优、良、中、及格和不及格五个等级，成绩记录在手册的评价表中。教育见习成绩不合格者，安排其重新教育见习，重新见习仍不合格者，不准其参加下阶段的教育实习和教育研习。

五、教育考察见习指导要点

教育考察主要是指在观察的基础上，通过与被观察对象的交流或自己的思考，获得学习经验的活动，因此，教育考察有两个环节：一是观察，二是交流和思考。

在教育考察见习中，我们主要是通过观察被观察对象的活动、表现等获得感性经验，再在此基础上将其与自己学习的理论或自己理想的活动方式进行对比，获得认同、赞赏或疑问、批判等理性经验，这些经验或促使我们模仿、或触动我们思考。

教育考察的目的主要是通过观察和反思来实现的。

1.观摩的理论基础

(1) 班杜拉的观察学习理论。观察学习又称无尝试学习或替代性学习，是指观察者通过对被观察对象的行为、动作以及他们动作所引起的结果进行观察，获取信息。班杜拉认为，人的一切社会学行为都是在社会环境的影响下，通过对他人示范行为及其结果的观察学习而得以形成的。观察学习不必直接做出行为，不依赖于直接强化，具有认知性，不等同于模仿，且可提高学习效率。

班杜拉根据观察者的不同水平，把观察学习划分为三种类型：

第一，直接的观察学习，即学习者对示范行为简单的模仿；第二，抽象性的观察学习，即学习者从示范者的行为中获得一定的行为规则或原理；第三，创造性的观察学习，即学习者从不同示范行为中抽取出不同的行为特点，并形成一种新的行为方式。

班杜拉认为，观察学习过程包括四个子过程，分别是注意过程、保持过程、动作再现过程和动机过程。

(2) 反思实践者理论。杜威认为反思是对经验的审视。在不断审视中，学习者对自己的经验有了更深的理解。审视也是学习者从前一次经历进入后一次经历的意义构建过程。舍恩认为“在行动中对行动的反思”包含了两层意思，一是“对行动的反思”，二是“在行动中反思”。人们的行动理论有两种：第一种是名义理论，即人们所宣称的自身行为所遵循的理论，这种理论通常是以一种固定的信仰和价值观的形式表现出来的，且个体自身也信以为然；第二种是应用理论，即人们实际运用的行动理论，这种行动理论只有通过观察人们的实际行动才能够归纳出来。

(3) 柯瑟根的 ALACT 反思模型，此处以教育领域为例：第一，行动 (Action)。行动就是指教师参与具体的实践并获取一定的经验，这是反思发生的前提。第二，对行动进行回顾 (Looking back on the action)。这种回顾通常是在课堂教学活动结束之后的研讨会上进行的，参与研讨会的有教师本人、其他教师以及教师教育者。第三，注意必要方面 (Awareness of essential aspects)。在这一阶段，教师对于自己实践中存在的问题有了较为清楚的认识。第四，寻求替代性的行动方法 (Creating alterative methods of action)。在这一阶段，教师借助与同伴的互动以及教师教育者的指导，寻求解决自身存在问题的办法。第五，尝试 (Trial)。教师开始新的实践，并将替代性的行动方法应用于实践。

2. 具体方法运用

(1) 观察法概念。观察法是指研究者按照一定的计划，为实现一定的研究目标，对研究对象进行系统、全面的观察，在观察过程中收集各种现象资料，并进行分析研究的方法。观察是一个既包括信息输入，又包括对原始信息进行初步处理、识别的主动认知过程。

观察又分为直接观察和间接观察两种类型。

直接观察是指人们主要通过感觉器官来对研究对象进行直接观察而获得相关信息的过程。

间接观察是指人们借助仪器设备对研究对象进行观察，间接获得研究对象相关信息的过程，这一观察类型相对于直接观察来说，在深度和广度上都有质的飞跃。

(2) 使用规则。第一，观察者应制订观察计划，尽量形成文字计划。在科学研究中运用观察法不同于人们日常的观察活动，它是科学研究活动中的一个重要环节。第二，观察者应持客观公正的立场，不能为个人好恶左右。科学观察的目的是要获得科学事实，所以，一定要坚持客观性原则，客观地描述研究对象的信息。第三，观察者应看到事物的各个方面，不能片面和简单化。第四，观察者应认真细致，不能浅尝辄止。观察只针对个别对象，而不能涉及所有的研究对象；只能观察到具体事物的性质和特点，而无法观察到事物间普遍的共性，为避免上述问题，观察过程要认真细致。第五，观察者应随时记录，且记录要尽量详细。

（3）使用工具。除了可以利用感官来实施观察活动外，观察者还可以充分利用观察工具，如照相机、摄像机等。目前智能手机都具有照相、录像、存储功能，可以充分利用。观察者可以制定观察表，通过表格填写观察活动。

六、教育考察见习动员会

教育见习前，各专业或者学院会召开考察见习动员会，说明见习目的并安排见习分组、见习任务和指导教师等具体事务。

同学们要做好见习动员会的记录，如表 1–5 所示。

表 1–5　教育考察见习动员会记录表

<table>
<tr><td>主持人</td><td colspan="3"></td></tr>
<tr><td>参加人员</td><td></td><td>时间</td><td></td></tr>
<tr><td>记录</td><td colspan="3"></td></tr>
</table>

第二节 学校环境与文化考察

<table>
<tr><td>考察主题</td><td colspan="3">学校环境与文化考察</td></tr>
<tr><td>考察时间</td><td></td><td>学校</td><td></td></tr>
<tr><td colspan="3">考察内容</td><td>要求</td></tr>
<tr><td colspan="3">1. 校园物质环境，如校园整体风貌、校园建筑布局及名称(内外部环境、楼厅、楼廊等)、校园雕塑;
2.校园文化显性标志如文化主题墙及主要栏目;
3.校风、教学教育管理制度(形态、功能、布局、标语);
4. 教师精神面貌等精神文化。</td><td>1. 为重点考察对象拍照;
2. 文字记录;
3. 记录自己的体会。</td></tr>
<tr><td colspan="3">考察作业：填写考察报告一份。</td><td>有图、有表、有反思。</td></tr>
</table>

学校环境与文化考察报告

考察学校	
考察过程	
考察内容	

续表

考察心得	

第三节　教学条件考察

考察主题	教学条件考察		
考察时间		学校	
考察内容			要求
主要包括普通教室（典型装饰、墙面）、专业教室（名称、设备及功能）、实验室（用途）、教学设备（名称、用途等）、操场、网络环境等。			1. 为重点考察对象拍照; 2. 文字记录; 3. 记录自己的体会。
考察作业：填写下面的考察报告。			记录考察过程、内容及心得。

学校教学条件考察报告

考察学校	
考察过程	

续表

考察内容	
考察心得	

第四节 师生一日生活考察

考察主题	师生一日生活考察		
考察时间		学校	
考察内容		要求	
1. 教师一日在校生活的主要活动; 2. 班主任一日在校生活的主要活动; 3. 学生一日在校生活的活动。		1. 为重点考察对象拍照; 2. 文字记录; 3. 记录自己的体会。	
考察作业：填写考察报告一份。		要提到教师、班主任或学生的活动。	

师生一日生活考察报告

考察学校	
考察过程	
考察内容	
考察心得	

第五节 课外活动考察

<table>
<tr><td>考察主题</td><td colspan="3">课外活动考察</td></tr>
<tr><td>考察时间</td><td></td><td>学校</td><td></td></tr>
<tr><td colspan="3">考察内容</td><td>要求</td></tr>
<tr><td colspan="3">1. 一周课外活动的主要类型；
2. 教师指导情况；
3. 学生活动情况。</td><td>1. 为重点考察对象拍照；
2. 文字记录；
3. 记录自己的体会。</td></tr>
<tr><td colspan="3">考察作业：填写下面的考察报告。</td><td>记录考察过程、内容及心得。</td></tr>
</table>

课外活动考察报告

<table>
<tr><td>考察学校</td><td></td></tr>
<tr><td>考察过程</td><td></td></tr>
<tr><td>考察内容</td><td></td></tr>
<tr><td>考察心得</td><td></td></tr>
</table>

第六节　教育考察见习鉴定评价

<table>
<tr><td>学生姓名</td><td></td><td>学号</td><td colspan="2"></td></tr>
<tr><td>见习学校</td><td colspan="4"></td></tr>
<tr><td>带队教师评价</td><td></td><td>见习指导教师评价</td><td colspan="2"></td></tr>
<tr><td>见习生小结</td><td colspan="4"></td></tr>
<tr><td rowspan="2">专业见习工作小组评语</td><td colspan="4"></td></tr>
<tr><td colspan="2">评价分优、良、中、及格和不及格五个等级。</td><td>组长签字</td><td></td></tr>
</table>

第三单元　教育调研见习

第一节　教育调研见习导论

一、调研见习目标

调查是指通过各种途径，运用各种方式方法，有计划、有目的地了解事物真实情况的过程。研究则是指对调查材料进行去粗取精、去伪存真、由此及彼、由表及里的思维加工，以了解客观事物本质和规律的认识过程。这二者既有明显的区别又有紧密的联系，调查是研究的前提和基础，研究是调查的发展和深化。调研见习是调查研究的见习，就是在观察见习的基础上，进一步带着问题对中小学教育教学活动进行深入接触和交流。一般情况下，调研见习安排在大二上学期，这时的师范生已经学习过心理学、教育学等基础课程，也通过大一的观察见习积累了一定的经验。调研见习就是希望师范生能在观察现象、学习理论的基础上，带着疑问去探究基础教育。

二、调研见习基本内容与要求

(1) 学校组织架构调研。此项需要同学们收集学校组织架构相关资料。

(2) 学校行政与学术组织（年级组、教研组、教务处、德育处、后勤处、校长办、团委、少先队等）编排。此项需要同学们通过调研了解学校行政与学术组织编排及工作机理。

(3) 学校教育教学制度调研。此项需要同学们对管理者进行访谈，了解这些制度的内在联系。

(4) 其他同学们感兴趣的教育问题调研，如班级组织管理体系调研、班主任管理体系调研、教师职业成长规划调研等。

三、教育调研见习要点

第一，明确目的、任务，编制计划。第二，确定搜集资料的方法（观察、访谈、问卷）。第三，做好准备，实地调查，收集资料。第四，分析资料，撰写报告。

第二节　组织架构调研

主题	组织架构调研
时间	
内容	任务
1. 学校组织架构图; 2. 学校行政与学术组织（年级组、教研组、教务处、德育处、后勤处、校长办、团委、少先队等）编排; 3. 学校教育教学制度。	1. 收集学校组织架构图（拍照）; 2. 对教师进行访谈，了解学校行政与学术组织编排及工作机理; 3. 了解并评价学校制度。
作业：填写下面的调研报告一份。	任意一个主题，不少于500字。

组织架构调研报告

调研学校	
调研目标	
调研方法	

续表

调研过程	
调研内容	
调研心得	

第三节　学校课程调研

主题	学校课程调研
时间	
内容	任务
1.国家、地方、校本课程实施; 2.教师教案、学案收集与分析; 3.其他学具和教具收集与分析。	1.观察课程表; 2.收集校本课程、教具; 3.收集教师教案一份; 4. 访谈教师获得撰写教案心得。
作业：填写下面调研报告一份。	任意一个主题，不少于500字。

学校课程调研报告

调研学校	
调研目标	
调研方法	

续表

调研过程	
调研内容	
调研心得	

第四节　其他教学活动调研

主题	其他教学活动调研
时间	
内容	任务
1. 课外辅导; 2. 作业批改; 3. 教研活动的准备。	1.观察 2 次课外辅导活动; 2.参加 1 次教研评课活动; 3. 批改学生作业 50 册。
作业：填写下面调研报告一份。	任意一个主题，不少于 500 字。

其他教学活动调研报告

调研学校	
调研目标	
调研方法	

续表

调研过程	
调研内容	
调研心得	

第五节　主题班、团、队会调研

<table>
<tr><td>主题</td><td colspan="2">主题班、团、队会调研</td></tr>
<tr><td>时间</td><td colspan="2"></td></tr>
<tr><td colspan="2">内容</td><td>任务</td></tr>
<tr><td colspan="2">1. 主题班会、团、队会设计;
2. 召开过程;
3. 效果观察等。</td><td>1.收集主题班会或队会设计方案一份;
2.参加一次主题班会、队会或团会活动;
3. 访谈同学，获得相关信息。</td></tr>
<tr><td colspan="2">作业：填写下面调研报告一份。</td><td>任意一个主题，不少于500字</td></tr>
</table>

主题班、团、队会调研报告

调研学校	
调研目标	
调研方法	

续表

调研过程	
调研内容	
调研心得	

第六节　其他一周重大活动调研

主题	其他一周重大活动调研
时间	

内容	任务
如升旗仪式、运动会、家长会等。	写实记录。
作业：填写下面调研报告一份。	任意一个主题，不少于500字。

其他一周重大活动调研报告

调研学校	
调研目标	
调研方法	

续表

调研过程	
调研内容	
调研心得	

第七节　教育调研见习鉴定评价表

学生姓名		学号	
见习学校			
带队教师评价		见习指导教师评价	
见习生小结			
专业见习工作小组评语			
	评价分优、良、中、及格和不及格五个等级。	组长签字	

第四单元　教育体验见习

第一节　教育体验见习导论

一、体验见习目标

体验见习是在已有的观察、调研等见习基础上有限度的参与教学活动。一般来说，体验性见习的目的是为正式实习打下坚实基础，通常体验见习安排在大三上学期，此时的学生已经基本学习完教育理论课程，正在接触教育实践课程，如微格训练、模拟上课、说课训练、课例分析等，对教育教学有一些模拟练习经验，但还没有真实的教育体验，而这需要通过体验性见习获得。

二、教育体验见习基本内容与要求

(1) 课堂教学体验。综合课、单一课等需要见习生亲自观察与操作。

(2) 习题讲解课体验。

(3) 听评课体验。

(4) 班主任助手体验。

(5) 其他教学活动参与体验。

三、教育体验见习指导要点

体验学习的基础是反复实践中的内省体察，是学习者通过不自觉或自觉的内省积累，把握自己的行为情感，认识外在世界。

(一) 体验学习思想渊源

(1) 杜威 (John Dewey) 的体验学习。体验学习 (Experiential Learning) 的思想最初来自美国著名教育家杜威的"经验学习"理论。杜威认为："经验包含一个主动的因素和一个被动的因素，这两个因素以其特有的形式结合着"。这两个因素就是体验 (Experience) 和承受 (Undergoing)。体验是为求得某种结果而进行的尝试，承受是接受感觉或承受体验的结果。也就是说，只有当主动的尝试和被动的承受结合在一起，才构成了经验。他认为，要保障人类经验的传承和改造，学校教育就必须为学生学习知识提供一定的材料，而他们要真正获得真知，则必须通过运用、尝试、改造等实践活动，这就是著名的“做中学”理论。按照杜威的思想，只有通过具体的“做”，才能达到改造个体行为的目的。

(2) 哈恩（Kurt Hahn）的体验学习。体验学习作为一种独立的学习方式被提出始于哈恩博士。他研究了一套用于弥补正规学校勇气、意志等课程缺失的方法，提供学生亲身体验挑战、突破和冒险的成长经验，来提高学生的体能，强调发扬健康的生存，反对竞争行为。他开发了团队形成及进阶游戏、人际互动沟通协调游戏、突破创意思考游戏、野地探险体验、绳索冒险挑战，还有探险、溯溪、攀岩、沙漠等活动，激发个人在群体活动中的动力。

(3) 陶行知的体验学习。我国伟大的人民教育家陶行知提出“做中学，学中做”“教学做合一”的思想也是一种体验学习思想。

(二) 体验见习中的观课技术

观课就是听课，之所以把“听”改为“观”字，主要是因为观察是最基本的体验方法。

1.如何观课

观课前见习生应做好以下准备工作：

(1) 熟悉教材，了解这节课编者的意图，弄清新旧知识的内在联系，熟知教学内容的重点和难点。

(2) 明确这节课教学的三维目标。

(3) 针对这节课在头脑中设计出课堂教学初步方案。勾勒出大体的教学框架，为评课提供一个参照体系。

2.观课时应记录什么

(1) 教学环节设计思路。即情境创设→新课的导入→新知的探究→新知的巩固、应用与拓展等。各环节如何控制时间，完成每一环节的过程和过渡的情况。观课时还要注意思考，教师为什么这样安排课堂教学环节，大的环节内又是如何安排小的环节，教师是怎样使课堂结构符合本节课的教学目的、教材特点和学生实际的，各个步骤或环节之间是怎样安排的；什么时候教师引导，什么时候学生自主探究，什么时候学生合作交流，什么时候学生练习展示，什么时候反馈评议，什么时候质疑讨论，什么时候归纳小结，是否做到了合理安排、科学调配，是否充分发挥了每一分钟时间的效能，这些都是应该记录下来的。

(2) 重点和难点如何突破。观课时，要关注教师是怎样运用学生已有的知识再现纵横联系的。教师是否采用了举例说明、引导比较、直观演示等手段。教师如何运用比较、分析、综合等逻辑思维方式帮助学生突破重点、难点，理解掌握新知。解决问题要关注教师如何将书本知识转化为学生的精神财富。教师如何组织学生自主探究，亲身体验，学会新知。这要求青年师范生必须细心揣摩。

(3) 教学方法与学习方法。观课时，要关注教师在教学过程中是怎样与学生积极互动、共同发展的；怎样处理好传授知识与培养能力之间的关系；如何创设学生主动参与的教学环境，激发学生的学习积极性，培养学生的学习能力；怎样培养学生学会观察、质疑与比较，学会分析、判断与推理，学会概括、归纳与小结，学会操作与演示，学会讨论、辩论与争论，学会调查、探究等。这些都需要仔细记录。

(4) 辅助手段的应用与板书设计。观课时，要认真琢磨教师是如何把信息技术与学科教学整合，充分发挥信息技术的作用，为学生的学习提供丰富多彩的教学情境，从而激发学生的学习兴趣，提高课堂教学实效的。还要关注教师如何设计板书，观察板书是否做到了详略得当、层次分明、脉络清晰、重点突出、提纲挈领。

(5) 练习设计与知识拓展。观课时，要关注教师的练习设计是否有针对性、层次性、拓展性，是否达到了巩固新知，培养能力的目的。同时，要关注练习形式是否多样，是否体现出应用所学知识解决日常生活实际问题的要求，是否能提高学生解决实际问题的能力。

观课时，要全身心地投入，积极思考，认真分析。见习生应从三个角色介入：一要进入“教师”的角色。要设身处地地思考，如果自己来上这节课，该怎样上。将执教教师的教法与自己的构思进行比较，这样既可以避免以局外人的身份去挑剔，看不到长处，不理解执教教师的良苦用心，又可以避免无原则的同情理解，看不到不足与缺点。二要进入“学生”的角色。要使自己处于“学”的情境中，从学生的角度去反思教师应该怎样教或怎样处理教学内容、怎样引导、如何组织，学生才能观得懂、能探究、能应用、会掌握。三要进入“学习”的角色。在观课中要更多地去发现教者的长处，发现课堂教学的闪光点，以及对自己有启迪的东西，做到取长补短，努力提高自己的业务水平。

3.观课后见习生应做些什么

(1) 整理好观课记录。记录观课内容，按先后程序提纲挈领地记录下来。记录时间分配，即各环节所用时间，教师教用的时间，学生学用的时间。记录教法学法的选择与应用，记录情境创设、过渡的语言、引导的技巧、激励的方法、组织活动的方式。记录教师挖掘与利用课堂生成资源的情况，记录偶发事件。记录练习状况、练习内容、练习形式等。

(2) 做好课后分析。观过一节课后就应及时进行综合分析，找出这节课的特点和闪光处，总结出一些有规律性的认识，明确对自己有启迪的有哪几个方面。还可以针对这节课实际情况，提出一些建设性的意见与合理性的修改建议，与执教教师进行交流切磋，以达到互助互学的目的。

(三) 体验见习中的评课技术

1.从教学目标上分析

教学目标是教学的出发点和归宿，它能否得以正确制定和达成，是衡量课好坏的主要尺度。所以，分析一节课首先要分析这节课的教学目标。

2.从教材处理上分析

注意分析教师在教材处理和教法选择上是否突出了重点，突破了难点，抓住了关键。

3.从教学程序上分析

(1) 看教学思路设计。一看教学思路设计符不符合教学内容实际，符不符合学生实际；二看教学思路设计是不是有一定的独创性；三看教学思路的层次脉络是不是清晰；四看教师教学思路在课堂上实际运作的效果。

(2) 看课堂结构安排。教学思路与课堂结构既有区别又有联系。教学思路侧重教材处理，反映教师课堂教学纵向教学脉络，而课堂结构侧重教法设计，反映教学横向的层次和环节。课堂结构也称为教学环节或步骤，它是指一节课的教学过程各部分的确立，以及它们之间的联系、顺序和时间分配。课堂结构的不同，会产生不同的课堂效果。

4.从教学方法和手段上分析

(1) 看教学方法是不是量体裁衣，优选活用。

(2) 看教学方法是否多样化。

(3) 看教学方法是否有改革与创新。

5.从教师基本功方面分析

(1) 看板书。好的板书，首先要设计科学合理；其次要言简意赅；再次要条理性强，字迹工整美观，板画娴熟。

(2) 看教态。教师课堂上的教态应该是明朗、快活、庄重，富有感染力的。仪表端庄，举止从容，态度热情，师生有情感交融。

(3) 看语言。首先，教师的课堂语言要准确清楚，说普通话，精干简练，生动形象有启发性。其次，教学语言的语调要高低适宜，快慢适度，有抑扬顿挫，富于变化。

(4) 看操作。看教师运用教具，操作投影仪、录音机、微机等工具的熟练程度。

6.从教学效果上分析

教学效率高，学生思维活跃，气氛热烈。这里主要是看学生是否参与了、投入了课堂，还要看学生在课堂教学中的思考积极性。

第二节 课堂教学体验

体验主题	课堂教学体验
体验时间	
体验内容	体验任务
1. 综合课（新授课）; 2. 单一课（练习课、实验课、复习课）; 3. 体育课; 4. 艺术课。	1.观察 10 节课，其中综合课 3 节; 2.对其中一节课进行录像; 3.分组评课一次。
体验作业: 1. 填写下面的观课笔记 5 份; 2. 记录课堂实录 1 份; 3. 见习小组教研评课活动写实报告 1 份。	记录课堂实录 1 份（另外补交）。

观课笔记 1

<table>
<tr><td>课题</td><td colspan="2"></td><td></td><td>课型</td><td>综合课(新授课)</td></tr>
<tr><td>讲课者</td><td></td><td>班级</td><td></td><td>授课时间</td><td></td></tr>
<tr><td colspan="4">教学过程</td><td colspan="2">听课心得</td></tr>
<tr><td colspan="4"></td><td colspan="2"></td></tr>
</table>

续表

教学过程	听课心得

观课笔记 2

课题				课型	练习课
讲课者		班级		授课时间	
教学过程				听课心得	

续表

教学过程	听课心得

观课笔记　3

<table>
<tr><td>课题</td><td colspan="3"></td><td>课型</td><td>实验课</td></tr>
<tr><td>讲课者</td><td></td><td>班级</td><td></td><td>授课时间</td><td></td></tr>
<tr><td colspan="4">教学过程</td><td colspan="2">听课心得</td></tr>
<tr><td colspan="4"></td><td colspan="2"></td></tr>
</table>

续表

教学过程	听课心得

观课笔记 4

<table>
<tr><td>课题</td><td colspan="3"></td><td>课型</td><td>复习课</td></tr>
<tr><td>讲课者</td><td></td><td>班级</td><td></td><td>授课时间</td><td></td></tr>
<tr><td colspan="4">教学过程</td><td colspan="2">听课心得</td></tr>
<tr><td colspan="4"></td><td colspan="2"></td></tr>
</table>

续表

教学过程	听课心得

观课笔记　5

<table>
<tr><td>课题</td><td colspan="3"></td><td>课型</td><td>体育课或艺术课</td></tr>
<tr><td>讲课者</td><td></td><td>班级</td><td></td><td>授课时间</td><td></td></tr>
<tr><td colspan="4">教学过程</td><td colspan="2">听课心得</td></tr>
<tr><td colspan="4"></td><td colspan="2"></td></tr>
</table>

续表

教学过程	听课心得

第三节　习题讲解课体验

<table>
<tr><td>体验主题</td><td colspan="2">习题讲解课体验</td></tr>
<tr><td>体验时间</td><td colspan="2"></td></tr>
<tr><td colspan="2">体验内容</td><td>体验任务</td></tr>
<tr><td colspan="2">1. 争取上一次习题讲解课;
2. 体验备课、上课过程。</td><td>1.体验单一课备课;
2.体验习题课上课过程。</td></tr>
<tr><td colspan="3">体验作业：填写下面体验报告一份。</td></tr>
</table>

习题讲解课体验报告

讲解主要题目	
讲解过程	
讲解心得	

第四节 评课体验

<table>
<tr><td>体验主题</td><td colspan="2">评课体验</td></tr>
<tr><td>体验时间</td><td colspan="2"></td></tr>
<tr><td colspan="2">体验内容</td><td>体验任务</td></tr>
<tr><td colspan="2">1. 争取在中小学教研评课活动中发言一次；
2. 必须在见习小组组织的观课后评课活动中发言。</td><td>1.体验其他人的评课过程；
2.体验自己的评课过程。</td></tr>
<tr><td colspan="3">体验作业：填写评课发言稿一份。</td></tr>
</table>

评课发言稿

从教学目标上评	
从教师教学基本功上评	
从处理教材上评	

续表

从教学程序上评	
从教学方法和手段上评	
从教学效果上评	
从自己的收获评	

第五节 班主任助手体验

体验主题	班主任助手体验
体验时间	

体验内容	体验任务
1. 争取跟随一位班主任一天； 2. 争取承担班主任助手工作一周。	1.体验班主任一日生活； 2.体验承担班主任助手工作。
体验作业：填写下面的班主任工作纪实表格。	

班主任工作纪实

班级	
时间	
班级管理工作内容	体会

续表

班级管理工作内容	体会

第六节 教育体验见习鉴定评价表

<table>
<tr><td>学生姓名</td><td></td><td>学号</td><td></td></tr>
<tr><td>见习学校</td><td colspan="3"></td></tr>
<tr><td>带队教师评价</td><td></td><td>见习指导教师评价</td><td></td></tr>
<tr><td>见习生小结</td><td colspan="3"></td></tr>
<tr><td rowspan="2">专业见习工作小组评语</td><td colspan="3"></td></tr>
<tr><td>评价分优、良、中、及格和不及格五个等级。</td><td>组长签字</td><td></td></tr>
</table>

第二编　综合性教育实习

第一单元 综合性教育实习导论

第一节 综合性教育实习的目标、内容、组织与考核标准

一、综合性教育实习的目标

综合性教育实习是指师范生把所学的专业知识初步运用到一线实践中，并通过指导教师的指导和自己的反思，不断在做中学、做中提高的过程。综合性教育实习的综合是指教育理论与实践的综合，师范生专业知识与能力的综合，大学教师和中小学教师指导的综合，教学能力、班队组织与管理能力、教学研究能力、教学合作能力的综合。

综合性教育实习是教育实践的第二环节，也是最重要的环节。师范生在学校真实教育情境中，由双导师指导，通过亲身参与、试岗操习、专题调研等方式主动参与课堂教学、班级管理和教研活动，独立完成一定的教育教学任务，检验自身基础理论、基本知识、基本技能的掌握情况，并尝试把已掌握的教育教学基本知识运用到实践中，从而提高自己的专业能力，培养专业认同感，完成由师范生向一名准教师的转变。综合性教育实习要采取集体组织方式。

二、教育实习的内容与组织方式

（一）小学教育实习的内容与组织方式

实习任务	主要内容	组织方式	时间要求	实习成果	备注
教学工作实习	1. 备课与教学设计； 2. 说课； 3. 试讲与磨课； 4. 上课； 5. 教育教学评价。	1. 第六或第七学期集中一次性实习； 2. 双导师制（带队教师驻点指导）。	不少于12周	1. 听课不少于20节，交课堂实录10份； 2. 教学设计4份； 3. 说课稿2份； 4. 教育教学评价（试卷）1份。	1. 召开实习动员会； 2. 召开实习总结交流会； 3. 区分本专科时间与任务要求。

续表

实习任务	主要内容	组织方式	时间要求	实习成果	备注
班队管理工作实习	1. 拟订班会方案; 2. 召开主题班会; 3. 开展班队活动; 4. 组织课外活动; 5. 掌握个别谈话技能; 6. 学会家访。	1. 第六或第七学期集中一次性实习; 2. 双导师制（带队教师驻点指导）。	不少于12周	1. 班级活动方案1份; 2. 少先队活动方案1份; 3. 学生典型个案分析1篇; 4. 家访记录1份。	1. 召开实习动员会; 2. 召开实习总结交流会; 3. 区分本专科时间与任务要求。
教研工作实习	1. 听课与评课; 2. 课后反思研讨; 3. 运用课堂观察法等开展课堂教学研究; 4. 以学校文化为主题，通过访谈优秀教师等方式，开展教育调研研究; 5. 开展数字化教学资源建设。			1. 参与或组织评课活动，交教研活动记录1篇; 2. 问卷设计1份; 3. 名师访谈报告1篇。	

(二) 中学教育实习的内容与组织方式

任务	主要内容	组织方式	时间要求	成果形式
教学工作实习	1. 备课与教学设计; 2. 说课; 3. 试讲与磨课; 4. 上课; 5. 设计教学测量方案。	1. 原则上第七学期集中一次性实习; 2. 编组（单专业或多专业混合）; 3. 双导师制（高校带队教师驻点指导）。	不少于10周	1. 实习计划、手册或日志; 2. 实习教案文本（或教学视频）、优秀教师教学视频; 3. 主题班会活动文本（或视频）、家访与转化后进生案例; 4. 以小组为单位的公开教研活动组织方案与总结报告（视频）; 5. 教学叙事、教学后记、课堂教学反思（或班队管理反思）或个人教育实习总结报告（小组教育实习成果汇编）、课例（案例）分析、德育小论文、调查报告。

续表

任务	主要内容	组织方式	时间要求	成果形式
班队管理工作实习	1. 参与班队日常管理； 2. 组织主题班会； 3. 组织团队活动或课外活动； 4. 家访与特殊学生教育。	1. 原则上第七学期集中一次性实习； 2. 编组（单专业或多专业混合）； 3. 双导师制（高校带队教师驻点指导）。		
教研工作实习	1. 听课与评课、课后反思； 2. 课堂观察和课例分析等； 3. 开展教育调查或教育行动研究； 4. 开展校本课程开发、实施与评价的案例分析； 5. 开展数字化教学资源建设。		不少于10周	

三、综合性教育实习的考核方式与参考标准

对综合性教育实习要进行全面考核，考核内容包括：教学工作实习、班队工作实习和教研工作实习等环节中的出勤、态度、表现等方面。教学工作和班队工作实习成绩由实习学校的指导教师分别评定后，送实习学校领导小组审阅并签署意见，转各学院教育实习领导小组；教研实习考核成绩由校带队教师评定，最后由学院教育实习领导小组综合评定总成绩，并报教务处。教育实习成绩最后评分采用优、良、中、及格、不及格五级制。凡严重违反实习纪律，在政治思想、道德行为等方面有严重错误造成不良影响者，经学院提出，学校专业实习委员会审批，该生实习成绩总评为不及格。教育实习成绩不合格者，不予毕业。

(一) 教学工作实习考核参考标准

考核项目		教学工作实习考核指标	分值	评分
课前准备(25)	1. 备课	熟悉课程标准，熟练掌握教材的体系和重点、难点。独立处理教材，备课认真，教案完整。	15	
	2. 试教	内容熟悉，教态自然，符合教学要求。试教认真、虚心。	10	
课堂教学(50)	3. 教学内容	正确贯彻课程标准与教学原则，教学目的明确，重点突出，难点抓得准，思想性强，内容科学、系统。	15	
	4. 教学方法与组织	启发性强，开展教学双边活动好。实验操作准确、熟练，注重培养学生动手能力。课堂教学组织严密，应变能力强。	15	
	5. 语言板书	能用标准普通话教学，语言简洁、流畅、生动。板书安排有序，文字工整、规范。	10	
	6. 教学效果	重视智能培养，能顺利完成教学任务，达到教学目的，教学效果好。	10	
课后活动(15)	7. 课外辅导	认真辅导，答问正确。指导课外兴趣小组能力强。	5	
	8. 作业批改	及时布置作业，分量适当，难易适度。批改作业仔细、正确，评讲作业认真。	5	
	9. 听课评议	积极参加听课和课后评议，敢于发表建设性意见。	5	
实习态度(10)	10. 教学工作态度	工作认真、虚心、踏实，授课后能认真做好自我分析小结。组织纪律性强，及时而有效地完成任务。	10	
得分				

（二）班队工作实习考核参考标准

考核项目		班队工作实习考核指标	分值	评分
工作准备（15）	1. 熟悉情况	能较快地熟悉和掌握全班学生情况，班干部姓名和班级特点。	10	
	2. 制订计划	能以党的教育思想为指导，根据学校和班级实际，制订切实可行的班主任工作实习计划。	5	
工作内容和要求（60）	3. 方法态度	以身作则，积极配合原班主任开展工作，工作主动、认真，对学生既爱又严，态度诚恳。	10	
	4. 日常工作	跟班参加班级的全部日常工作，妥善处理日常事务，善做学生的思想工作，关心学生生活，效果好。	20	
	5. 集体活动	组织和辅导主题班会、班级活动、兴趣小组，内容丰富，适合学生特点，效果好。	15	
	6. 个别教育	有目的地了解个别学生的实际情况，进行个别教育。善于处理偶发事件，效果好。	10	
	7. 家校联系	善于运用家访、家长会或其他形式进行家校联系，取得家长密切配合，对学生开展教育，效果好。	5	
实习态度（25）	8. 工作能力	能独立开展工作，组织管理能力强。	10	
	9. 行为表率	工作责任心强，为人师表，热爱学生，深受学生的尊敬和爱戴。	5	
	10. 工作小结	认真填写《班主任工作手册》，对自己的工作能运用心理学、教育学的基本原理进行分析小结，在吸取经验教训的基础上，提出创造性见解。	10	
得分				

（三）教研工作实习考核参考标准

考核项目	教研工作实习考核指标	分值	评分
教研意识与教研态度	教研意识强，教研态度积极，认真准备所参与或组织的教研活动。	10	
听课与评课	能运用课堂观察法或行动研究法等。听课时数多，记录翔实，分析深入。参与评课所提意见与建议实用、专业。	10	
说课	说课内容完整，重点突出、针对性强，语言表达清晰流畅。	10	
公开课	课堂教学展现好，师生与同伴认可度高。积极消化吸收师生同伴课前课后所提的意见与建议。	20	
课程研究	参与或组织已有校本课程开发、实施与评价的案例研究。结合实习内容认真研读学科课程标准。	10	
教育调查或行动研究	研究主题明确，且是针对中小学教育的实际问题。	10	
	设计的方案周详、可操作性强。完成有一定价值的研究报告或论文。	10	
教研成果	形成的教研报告或论文思路清晰、内容丰富、见解深刻。	20	
得分			

四、综合性教育实习学生纪律

（1）综合性教育实习期间，见习生应严格遵守实习学校各项规章制度，认真听取实习学校领导和指导教师的指导，虚心学习、积极工作、团结同事、爱护学生，努力提高观摩质量。

（2）见习生应做到文明礼貌、生活俭朴、服装整洁、服饰穿戴和言谈举止力求稳重，避免产生不良影响。

（3）要强化安全意识，务必注意自身的人身、财产安全。

（4）见习生有事外出必须向带队教师请假，经带队教师同意，办好书面请假手续后方可外出。

（5）严禁见习生带考察学校学生外出。

第二节 综合性教育实习动员会

综合性教育实习动员会记录表

<table>
<tr><td>主题</td><td colspan="3"></td></tr>
<tr><td>主持人</td><td></td><td>时间</td><td></td></tr>
<tr><td>参会人员</td><td colspan="3"></td></tr>
<tr><td>记录</td><td colspan="3"></td></tr>
</table>

第二单元　综合性教学工作实习

教学工作实习是综合性教育实习的核心部分，是师范生把教学理论运用于教学实践的实际操作。一般来说，教学工作包括教学设计、上课、作业布置与批改、课外辅导、教学成绩评定这五项大的工作。当然，还含有班级管理、学生个体辅导、同行合作交流等工作。

从教学技能形成的过程看，师范生一般需要通过观课、仿课、评课、备课、说课、模拟上课、试讲、磨课、正式上课、课后评课与反思、辅助课外辅导、独立课外辅导、编排练习题、试出考试卷、监考与试卷批改、试卷分析、学生成绩评定以及分析这些项目和环节来实现自身教学能力的综合发展。

根据《浙江省高校师范生教育实践规程（试行）》的要求并结合实际，一般认为教学工作实习应该包括以下内容（见下表）。

<table>
<tr><td>实习主题</td><td colspan="3">教学工作实习</td></tr>
<tr><td>实习时间</td><td></td><td>指导教师</td><td></td></tr>
<tr><td colspan="3">实习内容</td><td>任务与作业</td></tr>
<tr><td colspan="3">1. 观课、评课与仿课；
2. 备课与教学设计；
3. 说课与模拟上课；
4. 试讲与磨课；
5. 上课与作业批改；
6.课外辅导；
7.试卷分析。</td><td>1. 观课不少于 20 节；
2. 课堂实录 10 份；
3. 教学设计 4 份；
4. 不同课题说课稿 2 份；
5. 不同课题模拟上课视频 2 个；
6. 试卷分析 1 份。</td></tr>
</table>

第一节　观课与评课实习

在见习环节中师范生已经进行过课堂观察，积累了一定的课堂观察经验。在综合实习阶段，课堂观察的技术需要更加熟练。

一、观课的特点

1.目的性

虽然听课也有目的，或学习、或检查、或探讨问题，但观课的目的非常明确，直接指向教育问题或教学问题。在课堂中，教师或研究者通常要根据自己的研究目的来进行观课活动，无论是观课对象的选择、观课内容的设定，还是观察方法的设计等，这些事项都会紧紧围绕观课的目的进行。

2.系统性

观课的系统性在于它有明确的目的，研究者通常根据自己的研究目的来选择观课的策略，对观察的整个过程做出系统的规划，包括观察对象的选定、观察内容和方法、进入课堂现场以及记录观察的方式等。观课时的“观察”比日常生活中的观察更正式、更客观，是一种系统而科学的观察。

3.理论性

科学的观察离不开理论的指导。首先，观课本身就必须有一定的方法论做依据。比如，偏重于定量的课堂观察就基于实证主义和科学主义的理论，而偏于定性的课堂观察则基于解释主义理论，不同的理论基础基本上框定了研究的方法和程式。反过来，这些程式也正是课堂观察规范性和科学性的基础。其次，课堂观察需要有一定的教育理论作指导。教育理论指导我们正确解释教育的现象或问题，并指出教育现象或问题发展的正确走向。

4.选择性

有意识有目的地观察就意味着有选择。首先，研究者在进行课堂观察时必须事先对这些问题进行选择：研究的问题，观察的对象（行为或事件），观察情境的片段，观察的工具体系或方式，观察的步骤、时间、位置，分析信息的方法和步骤，等等。其次，任何一种课堂观察都不可能记录现实的所有方面，而只能截取现实的某个片段中的某些方面，尽可能充分、细致地去记录所要观察的内容，而舍去与研究目的无关的其他方面。或者说，正是因为选择性因素的存在，使得对选定问题的观察更为细致和精确。

5.情境性

课堂观察是在现场进行的研究活动，它可以在行为和事件发生的同时就进行记录，这不但可以获得现场的第一手资料，而且还可以使观察者记录下那些只可能在现场产生的、与研究主题相关的感受和理解。另外，由于课堂观察选择性的存在，致使观察者必须从全部信息中抽取有代表性的时间或事件的片段，而以研究、决策或评价为目的的课堂观察势必要对观察所收集的资料进行准确的解释，充分考虑观察所处的背景因素，才能对观察的结果作出解释，以达到观察研究的目的。

二、观课的角度

(1) 学生学习：关注学生怎么学或学得怎么样。包括准备、倾听、互动、自主、交流等方面。

(2) 教师教学：关注教师怎样教。包括环节、呈示、对话、指导等方面。

(3) 课程性质：关注课程的内容。包括目标、内容、实施、评价、资源等方面。

(4) 课堂文化：关注整个课堂状况，注重整体性。包括思考、民主、创新、关爱、特质等方面。

三、观课的程序

1.观课前准备

在确定进行课堂观察的课节后，需要召开课前会议，主要完成三个事项：

(1) 被观察者说课。

(2) 观察者与被观察者交流。

(3) 确定观察点。

2.观课实施

观课实施指进入研究情境，在课堂中依照事先的计划及所选择的记录方式，对所需的信息进行记录。

3.课后研讨

(1) 被观察者的课后反思。

(2) 观察者简要报告观察结果，提出结论和促进行为改进的具体建议。

(3) 被观课者讲话。

四、观课的要点

(一)课堂预设观察指标

指标	观察要点举例
目标	·课时目标(与课标对应)是什么?怎么样? ·课时目标是根据什么(课标/学科/教材/教师/学生)预设的?怎么样? ·课时目标在课堂可能会有哪些生成问题? ·课时目标的预设和生成矛盾是什么?教师如何解决?效果怎么样?
内容	·教学内容与教材的关系是什么? ·生成了哪些教学内容?根据什么生成的?怎么样? ·教学内容凸显的本学科的主要概念、核心技能、逻辑关系是什么? ·教学内容有没有明显的科学性、思想性方面的错误?为什么会产生? ·教学内容的容量、新旧知识迁移、重点难点处理、兼顾学生差异等方面怎么样?
方法	·教师使用了哪些教学方法(启发/讲授/讨论/活动/探究式)?根据什么预设的?效果怎么样? ·生成了哪些教学方法?根据什么生成的?效果怎么样? ·预设与生成的教学方法有没有体现本学科的特点? ·预设与生成的教学方法有没有引起学生对本学科学习方法的关注?
资源	·教师利用了哪些课程资源(印刷材料/实物与模型/实验/多媒体/人)?意图是什么? ·预设的课程资源有没有得到实际利用?利用(对教师、学生)的效果如何? ·生成了哪些课程资源?效果如何? ·教师向学生推荐哪些课程资源?现实性、有效性如何?
练习	·预设、生成了哪些(课堂、课外)练习?怎么布置的? ·练习的质和量如何,发挥了怎样的作用? ·课堂练习时有指导吗?指导的过程、行为、方法、结果如何?

(二) 课堂教学中教师的“教”的观察指标

指标	观察要点举例
教学环节	· 教学过程由哪些环节构成? · 这些环节与教学目标匹配吗? 匹配度怎么样? · 这些环节是否提供了让学生主动参与、主动发展的机会? · 这些环节是否能促进全体学生学习?
教师活动	· 教师有哪些活动(讲解 / 训练 / 讨论 / 提问 / 合作学习 / 自学指导 / 作业 / 评价)? · 这些活动是如何展开的? 教师操作的流畅度如何? · 这些活动的展开切合教学目标吗? · 这些活动是否能促进全体学生主动地学习,能否照顾到个体差异?
教学手段	· 教师运用了哪些手段(板书 / 实物与模型 / 多媒体 / 实验等)? · 这些手段是根据什么(自身水平 / 学科性质 / 教材特点 / 学生特征)选择的? · 这些手段是如何运用的? 效果怎么样?
教育评价与机智	· 教师遇到了哪些生成性问题? 如何解决的? 效果怎么样? · 教师遇到了哪些课堂管理事件? 怎样应急处理的? 效果怎么样? · 教学设计有哪些调整? 调整的依据是什么? 效果怎么样? · 学生答错、犯错后教师的反应、态度、语言表达方式怎样? · 学生答错教师评价言语的特征、效果?
板书设计	· 板书设计的样式怎么样? · 板书结构怎么样? · 板书的效能性怎么样?
教学特色	· 教学的哪些方面(语言 / 教态 / 学识 / 技能 / 思想)比较有特色? · 这个特色是怎样表现的? 推测这个特色的形成因素是什么。 · 对这个特色的进一步发展,你的建议是什么?

(三)课堂教学中学生“学”的观察指标

指标	观察要点举例
课前准备	·学生课前做了什么准备?是教师要求还是自己主动做的? ·准备得怎么样?有多少学生做了准备?学困生参与进来了吗? ·学优生、中等生、学困生的准备习惯分别是什么样的?
倾听与观察	·有多少学生能倾听老师的讲课?能倾听多长时间?对哪些内容感兴趣? ·有多少学生能倾听同学的发言?有多少人没认真听? ·倾听时,学生有哪些辅助行为(记笔记/阅读/提问)?有多少人? ·学生观察教师讲解、板书、课件、肢体语言的状况是怎样的? ·学生阅读教材情况如何?
互动与评价	·师生间有哪些互动行为?学生的互动能为探究新知提供帮助吗? ·回答行为(主动/被动,群体/个体,教师/学生,回答水平)有哪些?各有多少人? ·提问行为(不懂的/拓展的/创新的,主动/被动)有哪些?各有多少人? ·提问对象(向老师提问,学生互相提问)有哪些?各有多少人? ·讨论行为(不懂的/拓展的/创新的,主动/被动)有哪些?各有多少人? ·讨论对象(同桌/小组/班级/师生)有哪些?多少人没参与?活动有序吗? ·学生的互动习惯怎么样?学困生的互动习惯怎么样? ·学生参与评价的情况怎么样?
自主学习	·学生可自主支配的时间有多少?有多少人参与?学困生的参与情况? ·学生自主学习形式有哪些?各有多少人? ·学生的学习资源(印刷材料/实物与模型/多媒体/教师/学生)有哪些?各有多少? ·学生的自主学习有序吗?学生有无自主探究活动?学优生、学困生情况?
目标达成度	·学生清楚这节课要干什么吗? ·学生能用自己的话解释、表达核心知识和概念吗?有多少人? ·学生能用核心技能和方法解决新的问题吗?有多少人? ·学生在情感、态度与价值观上有什么感受、认同、领悟? ·学生的当堂作业有哪些?完成情况如何?反馈过程、行为、方法、结果如何?

（四）课堂整体文化观察指标

指标	观察要点举例
愉悦	·学生兴趣持续的时间有多长？ ·对整堂课有兴趣的人有多少？ ·课堂结束后，学生的表情是怎样的？ ·从学生的语言或表现推测，学生喜欢这样的课堂、这样的老师吗？ ·从教师的语言或表现推测，教师是否有成功感？
自主	·教师的情景设置、资源利用与生成、自主学习指导方面能契合学生需求吗？ ·学生在课堂主动参与（个体 / 群体 / 小组 / 师生探讨）的时间有多长？ ·学生能否从教师推荐的资源中自主选择、重组信息、“发现”规律并自由表达观点？ ·能否对老师和同学提出的观点大胆质疑，提出不同意见？
合作	·课堂呈现的合作形式有哪些？运用的流畅程度怎么样？ ·教师和学生运用了哪些合作技能（表述、倾听、询问、赞扬、支持、说服、接纳）？ ·学优生、中等生、学困生的课堂表现，有怎样的差异？ ·课堂中出现各种争议时，师生能否有足够时间表达观点？是否顾及他人的需要？
探究	·课堂产生了哪些具有思考价值的问题？问题是怎么产生的？ ·有没有进行探究？探究是怎样展开的？有多少人参与？ ·教师是否有指导？提供了哪些资源和方法？ ·探究是否有结果？影响结果产生的因素有哪些？
特质	·整堂课，你最大的感受是什么？用怎样一个词可以概括这堂课的文化特质？ ·基于哪些方面作出这样的判断？ ·对课堂整体文化的进一步发展，你的建议是什么？

五、观课具体任务

课堂单项维度观察（教什么、怎么教、怎么学、学得如何）。

课堂单项维度观察记录表单　1

学科		年级		教材版本		课堂	
观察角度	教什么			观察者			
观察视点			观察记录				
1. 教学目标：是否明确而恰当？							
2. 核心知识：教师是如何呈现给不同学生的？							
3. 内在联系：是否注意建立知识横向或纵向联系，是否与生活有联系？							
4. 学科特点：是否体现了学科特点与本质？							
5. 详略得当：是否做到了易懂的少讲或不讲、易混的细讲并辨析？							
6. 教学资源：是否合理使用教材和校内外教学资源？							
7. 学法指导：是否注重学习方法的指导和培养？							
8. 补充视点							
9. 教学改进建议							

课堂单项维度观察记录表单 2

<table>
<tr><td>学科</td><td></td><td>年级</td><td></td><td>教材版本</td><td></td><td>课题</td><td></td></tr>
<tr><td>观察视角</td><td colspan="3">怎么样</td><td>观察者</td><td colspan="3"></td></tr>
<tr><td colspan="3">观察视点</td><td colspan="5">观察记录</td></tr>
<tr><td colspan="3">1. 先学后教：能否通过预学，暴露学习中的问题？</td><td colspan="5"></td></tr>
<tr><td colspan="3">2. 以学定教：教师能否针对学生的问题进行有效教学？</td><td colspan="5"></td></tr>
<tr><td colspan="3">3. 课堂提问：启发式提问的次数，无效提问的次数。</td><td colspan="5"></td></tr>
<tr><td colspan="3">4. 示范操作：教师能否示范高水平操作行为？</td><td colspan="5"></td></tr>
<tr><td colspan="3">5. 变式训练：教师能否分层设计变式训练题？</td><td colspan="5"></td></tr>
<tr><td colspan="3">6. 当堂检测：教师能否当堂检测学习效果，及时反馈回授？</td><td colspan="5"></td></tr>
<tr><td colspan="3">7. 平衡教学：教师能否将探究式教学与有意义接受式教学相结合？</td><td colspan="5"></td></tr>
<tr><td colspan="3">8. 补充视点</td><td colspan="5"></td></tr>
<tr><td colspan="3">9. 教学改进建议</td><td colspan="5"></td></tr>
</table>

课堂单项维度观察记录表单 3

学科		年级		教材版本		课题	
观察视角	怎么学			观察者			
观察视点			观察记录				
1. 指导预习：教师是否布置了预习作业和思考练习，能否从中发现学生的问题？							
2. 学思结合：教师是否引导学生思考教学内容，并主动发现、提出问题？							
3. 合作学习：形式、次数，是否有效组织、汇报交流、点拨指导？							
4. 聆听心声：教师能否细心聆听学生不同意见，然后灵活积极地回应？							
5. 情境导入：教师是否创设情境，导入新课，激发兴趣，引导学生主动学习？							
6. 活动作业：学生活动、作业时间、内容、效果，活动的交流与指导。							
7. 学法指导：学生用工具、记笔记、抓要领、做小结、做对比等情况。							
8. 补充视点							
9. 教学改进建议							

课堂单项维度观察记录表单 4

<table>
<tr><td>学科</td><td></td><td>年级</td><td></td><td>教材版本</td><td></td><td>课题</td><td></td></tr>
<tr><td>观察视角</td><td colspan="3">学得如何</td><td>观察者</td><td colspan="3"></td></tr>
<tr><td colspan="3">观察视点</td><td colspan="5">观察记录</td></tr>
<tr><td colspan="3">1. 目标达成：通过当堂检测检查，预期教学目标是否达成？</td><td colspan="5"></td></tr>
<tr><td colspan="3">2. 各有所得：全班不同水平的学生是否各有所得？</td><td colspan="5"></td></tr>
<tr><td colspan="3">3. 特殊需要：教学是否能了解、满足学生的特殊需要？</td><td colspan="5"></td></tr>
<tr><td colspan="3">4. 时间空间：教学是否给学生创设了必要的进行独立思考与实践的空间？</td><td colspan="5"></td></tr>
<tr><td colspan="3">5. 问题解决：学生学习中的疑难问题，是否得到有效解决？</td><td colspan="5"></td></tr>
<tr><td colspan="3">6. 作业完成：老师分层布置的作业，学生完成的程度。</td><td colspan="5"></td></tr>
<tr><td colspan="3">7. 相异思维：学生对同一问题有无独特的思考和创见。</td><td colspan="5"></td></tr>
<tr><td colspan="3">8. 补充视点</td><td colspan="5"></td></tr>
<tr><td colspan="3">9. 教学改进建议</td><td colspan="5"></td></tr>
</table>

六、课堂评价

评课，就是在观课的基础上，观课者与授课者利用教育教学理论，共同就课堂教学的成败得失进行分析和评估，探究如何进一步优化课堂教学的研究过程。

在前面的见习过程中，我们也评过课，积累了评课的经验。现在，我们需要更进一步地理解和学习评课技术。

1.评课方式

(1) 先说优点和值得学习的地方，然后再提出研讨问题。这种形式比较多见，良好的开端是点评成功的一半。

(2) 先谈需研讨商榷的问题，再加以点评。这种点评开门见山、有针对性，一定要注意指出问题的数量不要太多，抓住主要矛盾即可。

(3) 在每一条“优点”中，再重新设计，提出改进方向，以求更好。这种评课方式思路并不太清晰，且需要评点者有一定的语言组织能力。

(4) 评者应只谈体会，不直接谈优点和不足，而是通过富有哲理的点评，给授课者留下思考、留下启迪，或激励赞扬、或蕴含希望。这种点评层次较高，需要评者具有一定的教学理论功底。

2.评课的关注点

(1) 关注学生的学习状态、行为状态、情感状态、思维状态。

(2) 关注教师的教学行为、目标呈现行为、内容组织行为、教法选用行为、学法指导行为。

(3) 关注教师的教学素养、教学理念、教学语言、教学准备。

下面的表格提供了评课的框架。

也可以根据教学要素来评课：

(1) 从教学目标上分析。看目标是否具有适宜性、层次性、整合性、可操作性等特点。

(2) 从处理教材方面分析。看是否能从逻辑性、目标达成性、重点突出、难点突破性、方法指导性等方面进行分析。

(3) 从教学程序上分析。①看教学思路设计。②看课堂结构安排。一是教学环节的时间分配，看教学环节的时间分配和衔接是否恰当。看时间上有无前松后紧（前面时间安排多，内容松散，后面时间少，内容密度大）或前紧后松（前面时间短，教学密度大，后面时间多，内容松散）的现象；看讲与练的时间搭配是否合理等。二是教师活动与学生活动时间的分配，看是否与教学目的和要求一致，有无教师占用时间过多，学生活动时间过少现象。三是学生的个人活动时间与学生集体活动时间的分配。看学生个人活动、小组活动和全班活动时间的分配是否合理，有无集体活动过多，学生个人自学、独立思考、独立完成作业时间太少的现象。四是优、差生活动时间，看优、中、差生活动时间分配是否合理，有无优等生占用时间过多，差等生占用时间太少的现象。五是非教学时间，看教师在课堂上是否脱离教学内容。

(4) 从教师的教学方法和手段上分析。看是否做到了量体裁衣，优选活用；看教学方法是否多样化；看教学方法是否有改革与创新；看是否有运用现代化教学手段。

(5) 从教师教学的基本功上分析。①看板书。好的板书，首先，设计科学合理，依纲扣本；其次，言简意赅，有艺术性；再次，条理性强，字迹工整美观，板书娴熟。②看教态。据心理学研究表明：人的表达靠55%的面部表情 +38%的声音 +7%的言辞。教师课堂上的教态应该是明朗、快活、庄重，富有感染力的。教师应仪表端庄，举止从容，态度热情，热爱学生，师生之间要有情感交融。③看语言。教师的课堂语言，首先要准确清楚，精当简练，生动形象有启发性；其次，教学语言的语调要高低适宜，快慢适度，要有抑扬顿挫，富于变化。④看操作。看教师运用教具，操作投影仪、录音机、微机等工具的熟练程度。

(6) 从教学效果上分析，可以参照下面的评价表。

课堂教学效果量化评价表

项目	序号	指标	指标要求
学习状态	1	参与状态	大多数学生都能积极参与课堂教学。
	2	交往状态	生生、师生交往多。
	3	思维状态	学生思维活跃，能积极思考，主动探究。
教学素养	4	教学思想	教师能以“促进每一位学生的发展”为宗旨，面向全体学生，体现民主、科学、公平的教学思想。
	5	专业水平	教师了解学科发展的最新进展，并在教学中有所体现。
	6	教学准备	教师对教学内容熟悉，对学生的认知水平和发展潜力判断比较准确。
	7	教学态度	教师备课充分，教学认真，责任心强。
	8	教学语言	教师熟练使用普通话，语言简洁流畅，条理清晰，逻辑性强。
教学措施	9	板书课件	板书字体美观，设计合理，重点突出。

续表

项目	序号	指标	指标要求
教学措施	10	教学目标	预设目标明确具体，操作性强；对生成的知识能予以充分的重视。
	11	教学内容	信息量大，教学内容充实。
	12	教学方法	方法多样，符合教学内容、学科特点和学生实际。
	13	教学过程	教学过程流畅，重点突出，难点突破。
	14	课堂气氛	课堂气氛宽松融洽。
	15	教学效果	大多数学生在学完后觉得自己知识层次清楚，技能训练充分，情感愉悦，学有所得。
教学特色	16	教学特色	有创新，有特色。

实践中，观课和评课记录是同时进行的。需要完成观评课15节并记录的任务，这是教育实习中重要的工作。

观课与评课记录　1

<table>
<tr><td>课题</td><td colspan="3"></td><td>课型</td><td></td></tr>
<tr><td>讲课者</td><td></td><td>班级</td><td></td><td>授课时间</td><td></td></tr>
<tr><td colspan="4">教学过程</td><td colspan="2">评课</td></tr>
<tr><td colspan="4"></td><td colspan="2"></td></tr>
</table>

续表

教学过程	评课

观课与评课记录 2

<table>
<tr><td>课题</td><td colspan="3"></td><td>课型</td><td></td></tr>
<tr><td>讲课者</td><td></td><td>班级</td><td></td><td>授课时间</td><td></td></tr>
<tr><td colspan="4">教学过程</td><td colspan="2">评课</td></tr>
<tr><td colspan="4"></td><td colspan="2"></td></tr>
</table>

续表

教学过程	评课

观课与评课记录 3

<table>
<tr><td>课题</td><td colspan="3"></td><td>课型</td><td></td></tr>
<tr><td>讲课者</td><td></td><td>班级</td><td></td><td>授课时间</td><td></td></tr>
<tr><td colspan="4">教学过程</td><td colspan="2">评课</td></tr>
<tr><td colspan="4"></td><td colspan="2"></td></tr>
</table>

续表

教学过程	评课

观课与评课记录　4

<table>
<tr><td>课题</td><td colspan="3"></td><td>课型</td><td></td></tr>
<tr><td>讲课者</td><td></td><td>班级</td><td></td><td>授课时间</td><td></td></tr>
<tr><td colspan="4">教学过程</td><td colspan="2">评课</td></tr>
<tr><td colspan="4"></td><td colspan="2"></td></tr>
</table>

续表

教学过程	评课

观课与评课记录 5

<table>
<tr><td>课题</td><td colspan="3"></td><td>课型</td><td></td></tr>
<tr><td>讲课者</td><td></td><td>班级</td><td></td><td>授课时间</td><td></td></tr>
<tr><td colspan="4">教学过程</td><td colspan="2">评课</td></tr>
<tr><td colspan="4"></td><td colspan="2"></td></tr>
</table>

续表

教学过程	评课

观课与评课记录　6

<table>
<tr><td>课题</td><td colspan="3"></td><td>课型</td><td></td></tr>
<tr><td>讲课者</td><td></td><td>班级</td><td></td><td>授课时间</td><td></td></tr>
<tr><td colspan="4">教学过程</td><td colspan="2">评课</td></tr>
<tr><td colspan="4"></td><td colspan="2"></td></tr>
</table>

续表

教学过程	评课

观课与评课记录 7

<table>
<tr><td>课题</td><td colspan="3"></td><td>课型</td><td></td></tr>
<tr><td>讲课者</td><td></td><td>班级</td><td></td><td>授课时间</td><td></td></tr>
<tr><td colspan="4">教学过程</td><td colspan="2">评课</td></tr>
<tr><td colspan="4"></td><td colspan="2"></td></tr>
</table>

续表

教学过程	评课

观课与评课记录 8

<table>
<tr><td>课题</td><td colspan="3"></td><td>课型</td><td></td></tr>
<tr><td>讲课者</td><td></td><td>班级</td><td></td><td>授课时间</td><td></td></tr>
<tr><td colspan="4">教学过程</td><td colspan="2">评课</td></tr>
<tr><td colspan="4"></td><td colspan="2"></td></tr>
</table>

续表

教学过程	评课

观课与评课记录 9

<table>
<tr><td>课题</td><td colspan="3"></td><td>课型</td><td></td></tr>
<tr><td>讲课者</td><td></td><td>班级</td><td></td><td>授课时间</td><td></td></tr>
<tr><td colspan="4">教学过程</td><td colspan="2">评课</td></tr>
<tr><td colspan="4"></td><td colspan="2"></td></tr>
</table>

续表

教学过程	评课

观课与评课记录 10

<table>
<tr><td>课题</td><td colspan="3"></td><td>课型</td><td></td></tr>
<tr><td>讲课者</td><td></td><td>班级</td><td></td><td>授课时间</td><td></td></tr>
<tr><td colspan="4">教学过程</td><td colspan="2">评课</td></tr>
<tr><td colspan="4"></td><td colspan="2"></td></tr>
</table>

续表

教学过程	评课

观课与评课记录 11

<table>
<tr><td>课题</td><td colspan="3"></td><td>课型</td><td></td></tr>
<tr><td>讲课者</td><td></td><td>班级</td><td></td><td>授课时间</td><td></td></tr>
<tr><td colspan="4">教学过程</td><td colspan="2">评课</td></tr>
<tr><td colspan="4"></td><td colspan="2"></td></tr>
</table>

续表

教学过程	评课

观课与评课记录 12

<table>
<tr><td>课题</td><td colspan="3"></td><td>课型</td><td></td></tr>
<tr><td>讲课者</td><td></td><td>班级</td><td></td><td>授课时间</td><td></td></tr>
<tr><td colspan="4">教学过程</td><td colspan="2">评课</td></tr>
<tr><td colspan="4"></td><td colspan="2"></td></tr>
</table>

续表

教学过程	评课

观课与评课记录　13

<table>
<tr><td>课题</td><td colspan="3"></td><td>课型</td><td></td></tr>
<tr><td>讲课者</td><td></td><td>班级</td><td></td><td>授课时间</td><td></td></tr>
<tr><td colspan="4">教学过程</td><td colspan="2">评课</td></tr>
<tr><td colspan="4"></td><td colspan="2"></td></tr>
</table>

续表

教学过程	评课

观课与评课记录 14

<table>
<tr><td>课题</td><td colspan="3"></td><td>课型</td><td></td></tr>
<tr><td>讲课者</td><td></td><td>班级</td><td></td><td>授课时间</td><td></td></tr>
<tr><td colspan="4">教学过程</td><td colspan="2">评课</td></tr>
<tr><td colspan="4"></td><td colspan="2"></td></tr>
</table>

续表

教学过程	评课

观课与评课记录 15

<table>
<tr><td>课题</td><td colspan="3"></td><td>课型</td><td></td></tr>
<tr><td>讲课者</td><td></td><td>班级</td><td></td><td>授课时间</td><td></td></tr>
<tr><td colspan="4">教学过程</td><td colspan="2">评课</td></tr>
<tr><td colspan="4"></td><td colspan="2"></td></tr>
</table>

续表

教学过程	评课

第二节　教学设计（备课）

教学设计是指在系统分析各个教学要素的基础上，优化教学过程，安排教学环节，分布知识点、能力点和情感点，以期实现最优教学过程的活动。

一、教学设计概要

根据加涅的分类方法，学生的学习从结果上来说都可以归入言语信息、智慧技能、认知策略、动作技能和态度5种类型中。这5种类型的学习结果就是学校教学的目标。

每种学习结果的内在性质不同，外在行为表现不同，所需要的条件也不同。教学设计的目的就是针对教学目标，制订有效的学习计划。教学设计必须根据教学任务要求和学生学习实际来进行，这样才能有效。应在分析教学任务的基础上确定教学过程，选择适当的教学方法和教学媒体，安排相应的师生活动。课后应对照目标分析学习结果，判断是否达到了教学目标，如有问题则提出修改意见。

二、设计教学过程的一般模式

师范生在进行教学设计练习时，至少应该掌握设计教学过程的一般模式（见图2-1）。

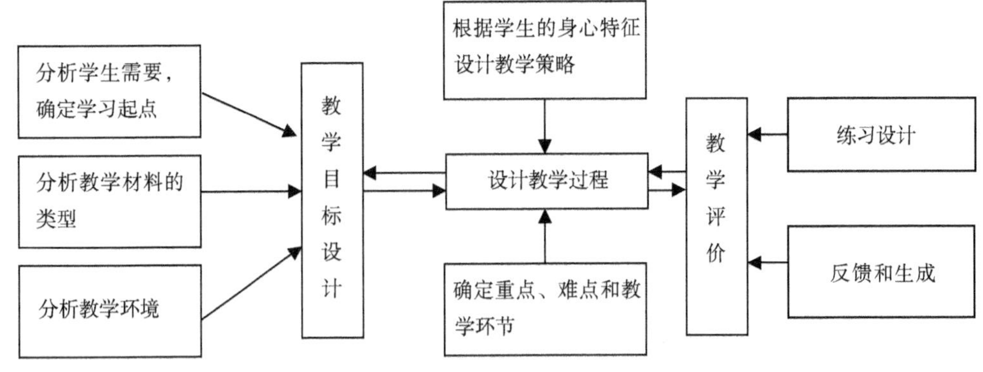

图2-1　教学过程设计图

三、教学目标设计

教学目标首先要根据学科课程标准的要求来设计，其次可以从知识与技能、过程与方法、情感态度价值观这三个维度来设计。

1.知识与技能目标的表述方法

知识与技能目标可以用行为目标的表述形式进行表述。良好的行为目标表述必须符合三个要求：第一，目标一定是学生学习的结果。教学目标不是表述教师要做什么，而应该表述学生通过学习后应该会做什么或会说什么。第二，教学目标的表述应该明确、具体，应该将学生通过学习后会做什么和会说什么具体化。第三，教学目标的表述应该具有层次性，在知识与技能领域要能体现记忆、理解和运用三个层次，在态度领域要反映出接受、反应和评价三个层次。基于上述要求，我们可以把教学目标的表述方法概括为“ABCD 法”。A 是教学对象（audience），即学生或学员；B 是行为（behavior），也就是学生应该在学习之后表现出的能力；C 是条件（condition），强调教学行为发生时的条件；D 是标准或程度（degree），即教学行为可观测的程度。这些英文单词的首字母正好是 A、B、C、D，所以我们将教学目标的表述方法概括为“ABCD 法”。我们还可以利用基本行为动词表来检索行为动词。

基本行为动词表

<table>
<tr><th rowspan="2">目标分类</th><th colspan="4">学习水平</th><th rowspan="2">对象检索</th><th rowspan="2">行为动词</th></tr>
<tr><th colspan="2">陈述性水平</th><th>程序性水平</th><th>迁移性水平</th></tr>
<tr><td rowspan="3">结果性目标</td><td rowspan="3">知识</td><td>了解</td><td></td><td></td><td>包括再认或回忆知识，识别、辨认事实或证据，举出例子，描述对象的基本特征等</td><td>说出、背诵、辨认、复述、描述、识别、再认、列举等</td></tr>
<tr><td></td><td>理解</td><td></td><td>包括把握内在逻辑关系，与已有知识建立联系，进行解释、推断、区别、扩展，提供证据，收集、整理信息等</td><td>解释、说明、阐明、比较、分类、归纳、概括、概述、区别、提供、预测、推断、检索、整理等</td></tr>
<tr><td></td><td></td><td>应用</td><td>包括在新的情境中使用抽象的概念、原则，进行总结、推广，建立不同情境下的合理联系等</td><td>设计、质疑、撰写、解决、检验、计划、总结、推广、证明等</td></tr>
</table>

续表

目标分类	学习水平				对象检索	行为动词
	陈述性水平		程序性水平	迁移性水平		
结果性目标	技能	模仿			包括在原型示范和具体指导下完成操作，对所提供的对象进行模拟、修改等	模拟、尊重、再现、例证、临摹、类推、编写等
			独立操作		包括独立完成操作，进行调整与改进、尝试与已有技能建立联系等	完成、制定、解决、拟定、安装、绘制、测量、尝试、试验等
				迁移	包括在新的情境下运用已有技能，理解同一技能在不同情境中的适用性等	联系、转换、举一反三、触类旁通、灵活运用等
体验性目标	过程与方法	经历			包括独立从事或合作参与相关活动，建立感性认识等	经历、感受、参加、参与、尝试、寻找、讨论、交流、合作、分享、参观、访问、考察、接触、体验等
	情感态度价值观		反应		包括在经历基础上表达感受、态度和价值判断，作出相应的反应等	遵守、拒绝、认可、认同、承认、接受、同意、反对、愿意、欣赏、称赞、喜欢、讨厌、感兴趣、关心、关注、重视、采用、采纳、支持、尊重、爱护、爱惜、蔑视、怀疑、摒弃、抵制、克服、拥护、帮助等
				领悟	包括具有相对稳定的态度，表现出持续的行为，具有个性化的价值观等	形成、养成、具有、热爱、树立、建立、坚持、保持、确立、追求等

2. 过程与方法目标的表述方法

过程与方法目标涉及两个部分：一是过程，二是方法。这两个部分是耦合的，恰如一枚硬币的两面。过程是指教学环节和活动的安排，方法的运用能促进过程的展开。通过教学，我们展现知识的发展脉络，并运用策略，使学生明了知识结构的发生和发展过程。过程最重要的特征是体验。体验所获得的信息能成为今后解决类似问题的经验，容易形成教学迁移。因此，过程是获取知识、形成技能、培养能力的桥梁。而方法本身既是一种知识，也是一种技能。“学会学习”的实质是掌握科学的学习方法。因此，过程与方法目标是一体两面，不能割裂的。学生是在过程中学习方法，在方法中展开过程的。但是，过程与方法目标不能简单描述为教学过程。规范的过程与方法目标的表述应该包含三个要素：第一，学习的知识内容；第二，学习过程中所采用的方式；第三，能力发展的内容。

典型表述为：

在________过程中，通过________来达到________________发展的目的。

例 1：在认识分数的发生和发展过程中，通过合作学习和个人探究来提高分析和解决问题的能力。

例 2：通过学习，理解三角形概念形成的过程，学会对某某结构的归纳和演绎。

3. 情感态度价值观目标的表述方法

情感态度价值观目标可以用表意性目标的形式进行表述。表意性目标重视学生的内部感受，是以建构学生的心理内核为价值取向的，其目的是塑造学生内在的心理品质。在表意性目标的获取过程中，应该注意分析学科内容中真善美的价值因素，通过体验获得反应、参与、认同与评价等心理和行为变化。表意性目标，不是规定学生在教学过程结束后应该展示什么结果，而是强调学生在此情境中获得的个人意义。由于人的情感变化并不是通过几次教学活动便能发生的，教师也很难预测教学活动后学生的心理会出现什么变化，因此，表意性目标强调学生对教学过程的参与。这种目标要求明确规定学生应参加的活动，但不精确预设每个学生应从这些活动中习得什么。规范的表意性目标分两部分，一部分是态度认知，一部分是情感体验。这一目标常用“通过________使”的句式来表述。

例 1：通过观看爱国主义教育影片，并在小组会上发表观后感，使学生获得“祖国伟大”这样一种自豪感。

例 2：通过独立思考，或参与对数学问题的讨论，使学生懂得尊重与理解他人见解的重要性。

四、教学设计与备课

教学设计就是利用上述原则和原理，对教学目标、教学过程、教学策略、教学评价这四个要素进行综合系统安排。有以下几个具体步骤：

1. 教材分析

教材分析是制定教学目标和设计教学过程的重要前提。一般来说，教材分析需要完成以下几个要求：

(1) 研读课程标准，明确标准中的知识、技能、情感要求，以及知识体系。

(2) 研究教材，确定教学内容在教材体系中的地位和联系。

(3) 深入阅读文本，找出知识之间的内在逻辑，分清知识类型，确定知识重点。

(4) 明确教学目标，分析教学重点与难点。

(5) 根据学生实际情况对教学材料进行重构，使教学内容问题化或情境化，这样更能反映出知识或文本的内在逻辑性。充分利用课程资源充实教学内容。

(6) 确定活动环节安排和时间分配，并初步设计与之相匹配的策略。

2. 设计教学过程

我国著名教育心理学家皮连生提出的"六步三阶段教学过程模型"是教学一体环节观的代表(见图2–2)。

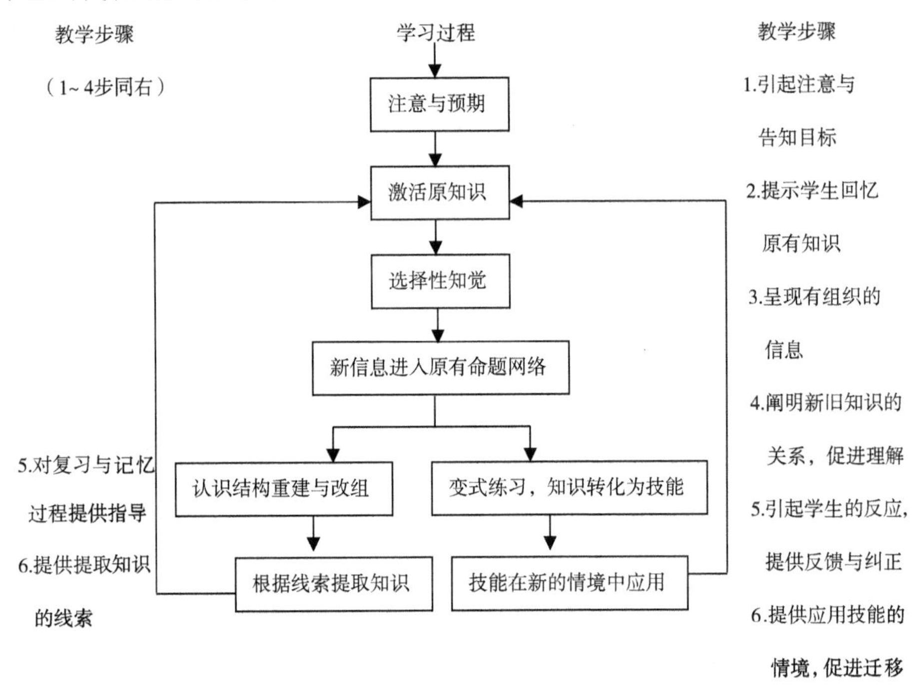

图2–2　广义知识学与教的一般过程模型

3. 教学过程设计的基本程序

第一，确定学生必须达到的学习目标，并在分析教学任务的前提下，用可观察和可测量的行为描述来呈现教学目标。

第二，分析和确定学生在学习起点的状态，包括他们的认知水平、技能和学习态度等。

第三，分析和确定学生在学习起点的状态与教学目标之间的差距，并选择恰当的教学媒体和技术。

第四，考虑呈现学习内容的方式和方法，分析和制定教学策略。

第五，分析用什么方法能引起学生的反应，并预想应如何提供反馈。

第六，考虑补救措施并修改设计。

第七，分析和确定如何进行教学评价以检查和评定教学效果。

以上程序也可以用图 2-3 表示：

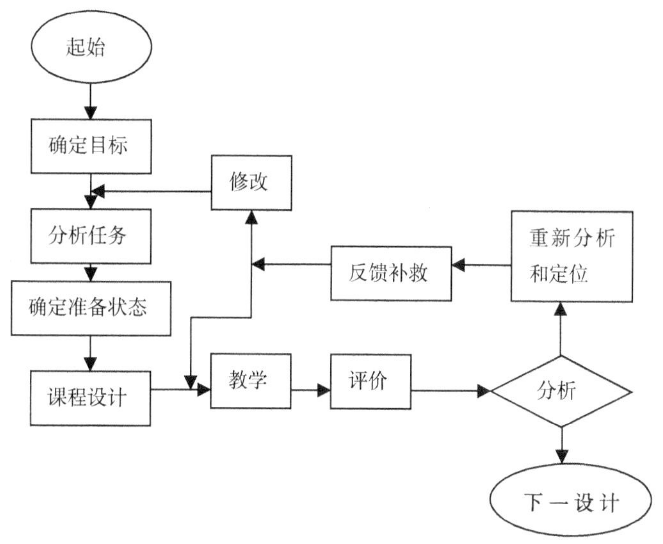

图 2-3　教学过程设计流程图

4. 板书设计

师范生在进行板书设计时应该遵循以下原则：

(1) 知识性与教育性统一原则；

(2) 科学性与艺术性统一原则；

(3) 实用性与趣味性统一原则；

(4) 常规性与多样性统一原则；

(5) 整体性与重点性统一原则；

(6) 继承性与创新性统一原则。

一般来说，常用的板书设计造型有如下几种：

(1) 对称型。根据对称原理，图案可以分为单轴对称、双轴对称、综合对称三种形态，也可以分为字数对称、字距对称和外框对称三种。

(2) 偏正型。包括以下几种类型：①张翼型。犹如飞鸟张开一对翅膀一样的板书造型。它的特点在于能条理清楚地综合概括课文内容、文章结构和课文重点。②雁行型。犹如鸿雁飞翔时排着的行列一样的板书造型。③阶梯型。为了表现课文层次，把词句单独提出来，将板书排列得像阶梯一样。④折线型。用首尾相连的若干直线段所组成的线来体现板书内容的一种造型。

（3）自由型。除上述对称型和偏正型外，其他一切形态都属于自由型，比如辐射型、波浪型立体板书等。

另外，也可以参考以下常见的板书设计方法：

（1）摘录提纲法。可以采用“语句摘录”方法设计板书，即摘录教材中标志性的中心句、段中主句或关键词句，形成“提纲式板书”。

（2）概括归纳法。教学板书是教师钻研教材、概括课文的产物，因此，可以使用“概括归纳法”设计板书，即用简洁的语言总结教材内容、归纳教材知识。这种板书要求教师对教材要有研究、有分析、有概括。

（3）图形示意法。“图形示意”就是利用符号、线条、图形，并配以简要文字示意教材内容，变抽象为具体、变深奥为浅显的一种深受教师和学生欢迎的板书设计方法。这种方法要求教师要对教材认真钻研，具备化抽象为具体的能力。

（4）简笔板画法。板画是教师在课堂上以简练的线条，在较短的时间内高度概括勾勒出各种景物、事物、人物等形象的一种绘画。简笔板画法是低年级教师常用的形象化的艺术教学方法，加入了中小学教师的艺术情趣，有助于学生审美能力的形成和提高。

（5）表格解释法。表格是常见的教学板书形式，它几乎可以用于对任何教材的教学，还适合呈现知识信息的对比。表格不仅适用于传统的文字式板书，而且适用于电化教学演示。许多青年教师都喜欢使用多媒体进行教学，而表格式板书是很好的选择。表格式板书最大的特点是信息量大、条理清楚、简约明了。

（6）比较对照法。比较有许多方法，根据性质来分有求同法、求异法，纵比法、横比法，定性法、定量法，综合法、专题法；根据内容来分有知识比较、中心比较、人物比较、结构比较、语言比较、情节比较、文体比较、作者比较、背景比较、手法比较、风格比较、情境比较等。比较对照法用在总结、复习、单元教学上，效果更好。

（7）排列组合法。排列组合法是对教材中不同课文或内容的分类排列、综合叠加。具体地说，教材、课文中不同信息的组合会产生不同的感知效果。接近的、相似的，闭合的、连续的，对比的、形态完善的组合，较易形成整体知觉。

（8）夸张变形法。为了突出重点、难点，增强学习的趣味性和板书的表现力，教师可以运用变形、夸张的方法设计板书，以此加深学生对教材内容的印象。这种方法兼采“漫画”式的手法、儿童的思维，大胆创意，有强烈的艺术感染力和审美价值，在实际教学中深受学生欢迎。

在板书设计时，同学们还需要掌握教学板书设计的步骤：

首先，要对教学内容进行深入分析和重构，这一点在教学目标和内容的确定与分析过程中已经完成。但要想设计好板书，还需要反复考量，把握知识的展开过程，重点突破过程以及难点分解过程。其次，要选择板书的造型和形式。板书的造型和形式很多，但必须根据教学内容来确定。只要是适合表达内容的，有利于教学的形式，都是有价值的。再次，考虑文字、符号、图表、颜色运用方式。最后，进行整体修改。例如，《桂林山水》的板书设计，如图 2-4 所示。

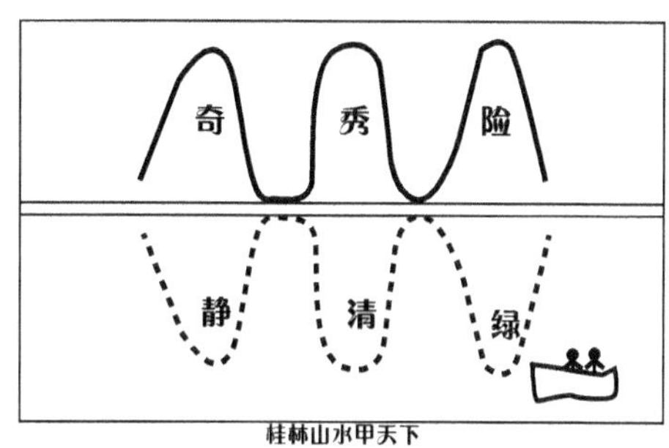

图 2-4 《桂林山水》板书设计图

桂林山水美在其水——真静，真清，真绿；美在其山——真奇，真秀，真险。这样的山围绕着这样的水，这样的水倒映着这样的山，给人以“舟行碧波上，人在画中游”的美感。立体式板书设计就是抓住这一特点，把《桂林山水》设计成一幅立体式的风景画——画面上的三座山突出了桂林群山的三个特点（奇、秀、险），倒映水中的三个沟分别突出了漓江水的三个特点（静、清、绿），而游客正在观光游览，使画面有动态感与真实感，同时又与画面的题词“舟行碧波上，人在画中游”相呼应。

五、综合实习教学设计练习

综合实习教学设计练习 1

课题		课型	
程序	分析与设计		
教材分析			
学情分析			

续表

课题		课型	
程序	分析与设计		
教学 目标			
重点 难点			
教学 策略 方法			
教学 过程			
情境 导入			
内容 展开			
板书 设计			

综合实习教学设计练习 2

课题		课型	
程序	分析与设计		
教材分析			
学情分析			
教学目标			
重点难点			
教学策略方法			
教学过程			
情境导入			

续表

课题		课型	
程序	分析与设计		
内容展开			
板书设计			

综合实习教学设计练习　3

课题		课型	
程序	分析与设计		
教材分析			
学情分析			
教学目标			
重点难点			

续表

课题		课型	
程序	分析与设计		
教学策略方法			
教学过程			
情境导入			
内容展开			
板书设计			

综合实习教学设计练习　4

课题		课型	
程序	分析与设计		
教材分析			
学情分析			
教学目标			
重点难点			
教学策略方法			
教学过程			
情境导入			
内容展开			
板书设计			

课堂教学设计练习

课程名称_________ 设计者_________ 学校_________ 授课班级_________

<table>
<tr><td colspan="2">章节名称</td><td colspan="2"></td><td>计划学时</td><td></td></tr>
<tr><td colspan="2">教学目标</td><td colspan="4"></td></tr>
<tr><td rowspan="2">学习
目标
描述</td><td>知识点编号</td><td>学习目标</td><td colspan="3">具体描述语句</td></tr>
<tr><td></td><td></td><td colspan="3"></td></tr>
</table>

项目	内容	解决措施
教学重点		
教学难点		

综合实习教学设计（自由式教案）

知识点编号	学习目标	媒体类型	媒体内容要点	教学作用	使用方式	所得结论	占用时间	媒体来源
课堂教学过程结构的设计								

续表

<table>
<tr><td rowspan="2">形成性练习</td><td>知识点编号</td><td>学习目标</td><td>练习题目内容</td></tr>
<tr><td></td><td></td><td></td></tr>
<tr><td>板书设计</td><td colspan="3"></td></tr>
</table>

第三节　说课与模拟上课

一、说课

（一）说课概述

说课就是教师以教育教学理论为指导，在精心备课的基础上，面对同行、领导或教学研究人员，用口头语言搭配有关辅助手段阐述某一学科课程或某一具体课题，并与听者一起就教学目标的达成、教学流程的安排、重点难点的把握及教学效果与质量的评价等方面进行预测或反思，共同研讨优化教学方法的过程。

说课是一种研课方式，说课者一般用10分钟左右的时间，说明自己的教学设计以及设计理由，并利用课件、板书等，全面展示课程的设计理念，以及自身的教学设计能力、组织教学能力、口语表达能力、课件制作能力和板书设计、书写等综合能力。说课这一方法在新教师招聘、优秀教师选拔以及名师教学研讨中被广泛使用。

（二）说课程序

1. 说教材

说教材是指说课者对说课“课题”的基本信息和相关教材特点以及课程重点、难点进行简明扼要的说明。说教材是为了确定教材的范围和深度，明确“教什么”；揭示学习内容中各项知识、技能、情感等的关系，为设计教学顺序奠定基础，知道“如何教”；分析教材编写的意图、结构；明确教学的重点和难点，找准教学的突破口，做到“有重点地教”。

说教材的内容包括：

（1）说明教材的基本信息。说课者用简短的语言说明课时的基本信息，包括所使用教材的版本、年级、章节（单元）、本课具体内容等。对教材基本信息的了解有助于听课者准确定位本课目标。例如，“今天我说课的内容是人教版义务教育课程标准实验教科书小学语文二年级下册中的课文《找春天》”，用这样一句话阐明说课内容的基本信息。

（2）说明教材编写的特点、意图和结构。说课者要读懂教材，了解课文“写什么”“为什么写”“怎样写”，明晰作者是怎样运用语言文字表达思想情感的，要思考本课文与其他内容有什么不同。说教材时要说明所教课文在单元中的地位和作用。《数学课程标准》指出：在数和代数方面，低年级要让学生学习整数及有关运算，体会数和运算的意义，打好学习数学的基础。例如，“0的加减法”这一课，作为“认数与计算”的内容之一，教师教好本课题有关内容，不仅有助于学生进一步掌握0的意义和5以内的加减法，加深他们对加减法的理解，也可为学生学习10以内的加减法奠定基础。从课题内容的整体编排来看，教材充分体现了由易到难、由“实”到“虚”、由形象到抽象的原则，这种编排符合儿童的认知规律。首先，教材以生活中常见的浇花场景为例，让学生借助具体情境来理解得数是0的减法原理，接着又通过设置例题让学生来理解一个数加0数字不变的加法原理。例题内容的设置充分体现了与学生生活实际的联系，关注对学生学习兴趣的培养和对生活中数学的感受。通过设置形式多样的“想想做做”练习栏目，让学生在观察、讨论、交流中，巩固得数是0的加减计算，从中体会和发现有关0的加减法的特性和规律，感受数学的意义和作用。

(3) 说明教学的重点和难点。教学重点是教学中最重要的知识点、感悟点、训练点，是最重要的教学目标。教学难点是学生难以掌握的学习内容，包括不易理解的学科知识、不易把握的逻辑关系、不易掌握的学习方法、不易体会的情感变化等。

2. 说学生

说学生也叫说学情，就是依据学生的年龄特征和认知规律，全面客观地阐述学生的认知、情感情况和已经掌握的学习方法，为进行教学设计做准备。

说学生主要包括以下内容：

(1) 说明学生已有的知识和经验。每一个学生都不是空着脑袋走进课堂的。说学生就是要说明学生已经具备的知识和经验，这是带领学生学习新知识和新技能的基础，有助于解决“如何学”的问题；说明学生已经学过的课程内容，阐释教师如何利用这些知识和经验，实现学生“旧知”向“新知”的迁移，这就解决了“如何教”的问题。

(2) 说明学生的能力基础。包括学生的自学能力、合作能力、思维能力、实践能力（听说读写算）等。

(3) 说明学生已经掌握的学习方法和技巧。比如，语文课程听、说、读、写的方法，数学课程演算、推导的方法，物理课程实验的方法等。

(4) 说明群体提高与个体发展的关系。群体提高，指通过对任教班级的班风、学风、合作精神和团队意识等方面进行全面客观的分析，使每一个学生都能在原有的基础上得到发展；个性发展，指对班级中的特殊个体（如后进生、特长生）的个性特征进行单独分析，以整体把握班级群体和个体的实际发展水平，平衡“合格+特长”的问题。

例如，上海市浦东新区某教师在“校园海报设计”这一主题的说课中说道：“从学生心理角度出发，初中学生正当青少年期，自我意识较强，模仿能力也强，作为教师有责任对他们的行为有更多的注意和认可，要举办各种有益的健康的活动（主题性）来吸引他们，不能光靠简单说教。所以，要充分利用美术教育的专长与德育教育，对青少年进行有益和有效的关心和帮助，而美术教育更能使学生在心灵上受到艺术魅力的洗礼，形成正确的审美观、道德观、价值观和人生观。所以，学生对学习内容应该会产生兴趣，这体现出海报设计的社会意义和艺术节活动策划性。通过小组合作讨论—探究—创作，依靠集体的智慧，挖掘更大的潜能，创作出有个性化的作品。”

3. 说目标

说目标就是根据课程标准、教材内容要求和学生实际特点，说清本次教学要达成的具体目标。

教学目标是教师和学生对教学活动预期结果的规定或设想。说“教学目标”，就是要根据课程标准、教材要求和学生实际，说清通过本次教学活动，学生身上应实现哪些预期的变化，如应获得某种语言知识，掌握基本的读、写、算方面的技能，产生特定的态度和情感，认同某些价值观等。

说教学目标要把握以下内容：

（1）教学目标要全面。所谓全面，就是教学目标不能只考虑认知目标，还要考虑技能和情感目标。《基础教育课程改革纲要》中提到：“应体现国家对不同阶段的学生在知识与技能、过程与方法、情感态度与价值观方面的基本要求。”说教学目标，要从知识与技能、过程与方法、情感态度与价值观三个维度来阐述。知识与技能维度解决“学什么”的问题，过程与方法维度解决“怎么学”的问题，情感态度与价值观维度解决“学习兴趣”的问题。

（2）教学目标要简明、具体。“简明”是指教学目标要一目了然，最好是三言两语，层次分明；“具体”是指教学目标要操作性强，易识别、易操作，有很强的指向性，不能含糊其辞。

（3）对教学目标的陈述要准确。能从书面语和专业术语的角度陈述，体现适宜性、层次性、可操作性等特点。

4. 说教法学法

说教法学法，就是根据教材特点和学生实际，说明为达成教学目标而采用的教学方法和学习方法，以及采用这些教学方法和学习方法的理论依据。教法是从教师教学的角度出发，学法是从学生学习的角度出发，二者统一于教学过程。所谓教学方法，是教师和学生为了共同完成教学任务而在教学过程中采用的方式和手段的总称。

（1）说教法。教师面对众多的教学方法，哪些方法对自己当前的教学情境来说是最好的？这些方法又应如何有机地结合在一起？这些既是理论问题，又是实践问题，也是艺术问题。所以说，教法和学法的核心是如何选择教学方法。教师要在整个教学法体系中，根据具体的教学目的和任务、教材内容的特点、学生的年龄特征和教师的特点进行综合分析，把多种教学法有主有从地结合起来，创造性地加以运用，达到最佳效果。

一般来说，说教法，需要说明“是什么”，更需要说明“为什么”，即要说明你所采用的教法是什么，也要说明采用这种教法的依据。

第一，依据教学原则选择教法。教学原则反映了教学过程中的客观规律，是长期教学实践经验的总结。它对确定教学计划、教材选择、教学方法选择等方面都有指导意义。教师只有深入理解各项教学原则，掌握教学原则体系，有机地结合教学活动，恰当地选用教学方法，才能有效地完成教学任务，提高教学质量。

第二，依据教学目标选择教法。各门学科都有一定的教学任务，但教学任务是对教学内容的高度概括，比较笼统，对选择教学方法来说，教学任务仅具有方向意义而无直接指导意义。对教学方法的选择直接起作用的应是教学目标：学期的目标、单元的目标、课时的教学目标。教学目标将学科教学的一般性任务具体化了，便于操作和检测。根据不同的教学目标，就需要选择不同的教学方法。

第三，依据教学内容选择教法。依据教学内容选择教学方法，就是依据学科的性质和教材特点来选择教学方法。学科的性质不同，所要求的教学方法也就不同。比如，同样是传授新知识，数学课一般用讲解法，而语文课一般用讲读法。即使是同一学科，由于教材的特点不同，所用的方法也有差别。比如，小学语文课讲记叙文和讲说明文就不能用同一种方法。记叙文一般采用讲读法，而说明文在讲读过程中要结合讲解或演示，这样才能使学生理解课文中的科学知识。

第四，依据学科特点选择教法。在教学方法与教学过程的依存关系中，教学内容起着基本的、决定性的作用，方法则是内容的运动形式。

第五，依据学生特征选择教法。学生的年龄不同，学习心理是不同的，采用的教法也不同。低年级学生的形象思维占优势，对于他们就要较多地运用直观演示手段；中、高年级学生的抽象思维有了一定的发展，教学中就可以较多地运用语言描述，运用讲解法或谈话法进行教学。学生的知识基础不同，对新知识学习的迁移运用能力也不同。

第六，依据教师特点选择教法。

(2) 说学法。第一，领悟式指导法。所谓领悟指导法是在教师提示、启导下，让学生自悟的学法。此法的关键在于教师要能启发、引导学生按教学思路去领悟、发现新的学法，特别是通过顿悟，点燃学生思维、灵感的火花，让他们尽可能多地去发现新学法、总结学法。

第二，迁移式指导法。所谓迁移指导，就是教师“举一”，培养学生“反三”的能力。这种模式的关键在于教师“举一”要选准，不管是讲解例题，还是讲解文章段落，选的“一”要有代表性、典型性，并且与学生要“反”的“三”有相通性，否则，就收不到迁移指导的理想效果，影响学生使用科学方法的积极性和效果。一些有经验的教师在讲授类似的文章、类似的几个段落时往往使用这种方法。

第三，点拨式指导法。所谓点拨式指导，就是教师以强烈的学法指导意识为前提，在教学中抓住契机，用画龙点睛、留有余味的方法点拨学生学习。运用这种方式的关键是设计、选择点拨点，点在学法指导的重点处、难点处、关键处。另外，还要选择点拨的最佳时机，点在新旧知识衔接时，点在学生百思不得其解时。例如，一位教师在教《一定要争气》一课时，让学生解释“基础”一词，学生不假思索地回答：“指建筑物的根基。”教师这时便从学法指导入手点拨学生：“以前我们讲解词方法的时候其中有一条叫随文法，大家想想，用随文法‘基础’一词在这里如何解？”这样就起到了很好的点拨作用。

第四，反馈式指导法。有些学习内容，学生容易遗忘，这就要靠教师反复指导，反复训练，多次重复。这种重复不是机械重复或单纯增多练习次数，而是按“反馈—矫正—调控—评价”的程序进行反馈指导，从而使学生达到熟练掌握的程度，进而熟练运用。

第五，矫正式指导法。此种学法指导模式是在了解学生学情的基础上，有针对性地对学生学习上存在的问题进行矫正，从而使学生逐步掌握科学的学习方法。此种方法最适宜用于提问、订正作业、讲评试卷等过程，教师可以用谈话式、讨论式、咨询式、答辩式等方式对学生进行矫正指导。例如，作文讲评，可以通过指出学生作文中存在的毛病，帮助学生了解正确的写作方法。

第六，对比式指导法。通过对比对学生进行学习指导。课堂教学中，教师可以通过讲解不同学法带来不同效果的事例、学法影响解题速度这样的事实，对学生进行学法指导。

第七，兴趣式指导法。通过典型、生动的事例，诱发学生学习学法的兴趣，然后再对学生进行学法指导。

第八，渗透式指导法。这是课堂教学中最常用的学法指导模式。教师在教学中将一些最基本的学习规律、学习方法随时渗透，可使学生在自觉的学习活动中掌握学法，收到“润物细无声”的效果。有的学校要求各学科教师备课备学法，开讲要导入学法，讲课要点拨学法、启发学法，总结课要总结学法、串联学法，总之，整个教学过程都要渗透学法，这是应该提倡的。

5. 说教学程序

说教学程序，就是说明教学活动的展开顺序，也就是说明教学活动是如何发起的，又是如何展开的，最终是如何结束的。一般来说，说教学程序有五个阶段：

（1）铺垫引入阶段。在传授新知识之前，教学中所做的准备工作称为铺垫引入阶段。铺垫引入阶段包括复习旧知识、展示教学目标、创设问题情境等，为学生学习新知识铺路搭桥。

（2）传授新知阶段。教师根据教材内容和学生实际，运用正确的教学方法，引导学生学习新知识。

（3）巩固新知阶段。教师引导学生采用各种方式来巩固所学的新知识，使其达到一定的熟练程度。

（4）反馈调控阶段。教师依据教学目标，考查学生掌握知识的情况，并及时予以辅导。

（5）总结归纳阶段。教师引导学生对所学的知识进行归纳整理，使知识系统化。

新课程实施之后，教学方式有了很大的改观，不同学科的教学流程也不尽相同。根据不同的教学流程，教学过程也各不相同。

讲授型教学程序可按以下五步进行：①铺垫引入，展示目标；②启发诱导，探求新知；③变式练习，反馈矫正；④形成测试，评价回授；⑤归纳小结，深化目标。这种教学程序的主要特点是教师启发诱导，学生研究探索，并将目标导向、评价回授贯穿于教学程序中。

自学型教学程序可按以下五步进行：①诊断学习，铺垫引入；②出示提纲，引导自学；③提问精讲，释疑解惑；④形成训练，评价回授；⑤归纳小结，发展深化。这种自学型教学过程通过提纲向学生指明了具体的学习目标，便于学生自学，易被学生接受，并通过教师释疑解惑、评价回授、归纳小结等多个环节保证学习的顺利进行。

研究型教学程序可按以下五步进行：①创设问题，明确目标；②独立思考，互相研究；③提问精讲，释疑解惑；④变式练习，反馈矫正；⑤归纳小结，发展深化。这种研究型教学方法强调学生之间相互研究、探讨和争论的环节，遵循自主活动原则，易于激发学生学习的积极性。

发现型教学程序可按以下四步进行：①创设问题，引导探究；②产生猜想，指导论证；③运用结论，多方练习；④归纳小结，发展深化。这种发现型教学方法其主要特点是让学生像科学家一样成为知识的探索者，通过观察、探索，去发现问题和解决问题。教师的主要作用在于诱导、点拨和创设探索问题的情境，激发学生的求知欲望。一般来说，发现型教学方法适用于定理、公式和解题方法的教学。发现法的教学目标可在教学过程中逐步达到。

6. 说教学手段

（1）说板书。板书，是教师经常使用的一种重要的教学手段，指教师根据教学的需要在教学用具（主要是黑板）上以书面语言或符号进行表情达意的活动。通过板书，可以把教学内容形象精练地呈现在黑板上。好的板书就是一篇微型教案，对学生理解教学内容、启发学生思维、发展智力、指引学生学习可以起到点睛作用。板书有快捷、灵便、经济的特点。即使在电化教学逐渐普及的今天，在普通中小学的课堂教学中，板书也不可能被幻灯、投影等设备完全取代，它在教学中的重要性是毋庸置疑的。

板书既是科学，又是一门独特的艺术。称它为科学，指的是它要将教学内容系统化、条理化、形象化，有助于突出教学重点，突破教学难点；说它是艺术，指的是它能综合运用文字、图画、线条、色彩等手段，强化表现力，让学生的思想情操、审美观点受到感染和熏陶。

在说课活动中，只有那些匠心独具的、有特色的或是有艺术性的板书才值得说。说板书设计，往往一边说一边演示，板书设计要注意几点：一忌空 —— 黑板上只寥寥几个字或仅仅留下课题，甚至零板书；二忌满 —— 教学方法满堂灌，板书设计满黑板，老师一黑板一黑板地写，学生一板一板地抄，效果极差；三忌乱 —— 板书无计划、序号乱、随手信笔、层次不分、条理紊乱；四忌散 —— 中心不明，信手乱画；五忌潦草 —— 龙飞凤舞，含糊不清，学生只好自行推测和猜想；六忌差错 —— 或乱造简化字，或写错别字，或演算失误。

（2）说课件。随着多媒体技术的发展，许多老师已经在使用多媒体课件。多媒体课件以其文字、声音、图像等多种信息的综合呈现而大大丰富了感官认知，有效地提高了教学效率。

首先，多媒体课件的直观性和生动性有利于突破教学难点。借助计算机教学能有效地弥补传统教学的不足，化抽象为具体，把难以理解的内容或是不容易观察到的事物，用计算机展现出来，调动学生的视觉功能，为突破难点创造良好的氛围。

其次，多媒体课件的趣味性能够吸引学生的注意力。多媒体其本身具备了趣味性的特点，这对于集中学生的注意力，激发学生的学习兴趣有着极大的价值，它提供的许多东西往往是普通教学手段所难以企及的。

再次，多媒体课件的直观性能唤起学生的想象。学生受年龄和知识量的限制，对许多事物缺乏想象力，必须借助形象、直观的手段唤起他们的想象力。

最后，多媒体课件能把无声教材变成有声教材。利用多媒体翻动电子图书，用手触屏幕都可以发出有趣的情节。把无声教材的内容变得有声有色、有静有动，带学生进入教学的情境之中，能使学生对学习内容产生兴趣，自然地步入积极思维的状态中。

说板书需要说清板书的内容、布局和书写板书的时机，说清板书设计的理由、要达成的效果；说课件要说明课件的内容以及什么时候使用、要达到哪些目标。说板书或课件应视情况而定，需要时言简意赅地说，不需要则不说。

7. 说课要注意的事项

(1) 注意说课的语言艺术。说课有两种语言，一种是独白语言，一种是教学语言。说课要注意两种语言的关系。

第一，用好独白语言。说课时大部分用的是这种语言，切忌从始至终只用一个腔调念稿或背讲稿，要用足够的音量，使在场的每个人都听得清清楚楚。速度要适当，语调的轻重缓急要恰如其分，让听者从你的抑扬顿挫、高低升降中体会出内容的详略。具体地说，教材分析要简明，理论根据要充分，教学方法和学习方法要用慢速说清楚，教学目的要分条款一一叙述，重、难点则应用重音来强调。

第二，巧用教学语言。因为说课不仅要说“教什么”，还要说“怎样教”。说“怎样教”实际上就是要说出你准备怎样上课，不是将课堂上一问一答那么详细地显露出来，但是也要让听者知道你的教学设想和具体步骤。有问有讲，有读有说，用自己的语言将听者带入到你的课堂教学中去，使听者未进课堂却仿佛看到了你上课的样子，且能推测到你的课堂教学效果。

(2) 注意说课的情感艺术。

第一，说课要有激情。激情是一种强烈而短暂的情感。积极的激情与冷静的理智、坚强的意志相结合，能激励说课人克服困难，攻克难关，所以说课人必须有激情。

第二，说课时要有良好的心境。心境是一种微弱平静而持续的情绪状态。在心境产生的全部时间里，它能影响人的整个行动表现，在现实生活中，心境的作用是很明显的，积极良好的心境可使人振奋，从而完成困难的任务。说课要求说课人有稳定的情绪，不急不躁，在说课中树立起坚定的信心——通过自己不断地努力，教学水平一定能得以充分地发挥。因此，说课人必须要有良好的心境，否则，无论准备得多么充分，也有可能发挥失常。

第三，说课要有热情。热情是一种强有力的稳定而深刻的情感。说课是一种新型教学研究活动。教师既要有深厚的文化专业知识，又要有较好的教育教学理论知识，更要有较强的理论联系实际的应用能力和研究能力。说课难度大，师范生对此经验又不足，必然会遇到问题，要想较好完成这项工作，解决遇到的问题，没有热情是无法做到的，所以，要求说课人要带着热情参与说课活动。

(3) 注意说课的方法艺术。

第一，理念要“新”。任何一门学科，都有一个相对完整的学科知识体系。每节课的内容都是这个体系中的一个小分支。说课着重考查说课者的教学理论储备以及应用理论解决教学实际问题的能力。准确把握新课程理念，充分应用现代教育理论是进行有效教学的必备条件。

第二，教法要“实”。教法既包括教师实施教学目标的教法，又包括学生在这节课上要掌握的学法。只有教法得当，教师才能有条不紊地施教；只有学法合理，学生才会兴趣盎然地受教。而要做到教法得当，学法合理，教师在备课说课时必须要“实”。要从教材实际出发，从学生实际出发，遵循学生掌握知识过程中“由浅入深，循序渐进，由感性到理性”的认识规律，依据“主体参与，分层优化，及时反馈，激励评价”的原则、理论联系实际的原则以及传授知识和发展能力相结合等教学原则来确定教法和学法。总之，“教学有法而无定法，贵在得法”，教师必须找准出发点，采取切实可行的教学方法，从而实现教学所要达到的目的。

第三，程序要“精”。一要说出课堂教学的整体思路和环节。二要说出处理教材、教法和学生实际之间关系的方法。三要说出对每个环节、每个层次、每个步骤的设计和安排，以及这样设计和安排的依据。四要说出教学中突出重点、突破难点、抓好关键点的方法。五要说出习题设计和板书，以及设计这二者的意图、目的和理论依据。要用最精练的语言说出来，使人听明白，即可达到教研交流的目的。

第四，习题要“准”。既要准确体现该节教学的目标、重点、难点，又要与考试题型、难度相吻合。同时，教师设计习题一定要考虑到不同类型学生的接受能力，做到分层设计、区别对待，真正做到“优生吃饱，中等生吃足，差生吃好”。

同学们需要完成下面的说课稿，并分组练习说课。

8. 说课稿撰写与说课练习

说课稿撰写与练习任务　1

说课课题	
说课理念	

续表

说教材	
说学情	
说教学目标	
说重点、难点	
说教学方法	
说教学过程	
说板书设计	

说课稿撰写与练习任务 2

说课课题	
说课理念	
说教材	
说学情	
说教学目标	
说重点、难点	
说教学方法	
说教学过程	
说板书设计	

说课稿撰写与练习任务 3

说课课题	
说课理念	
说教材	
说学情	
说教学目标	
说重点、难点	
说教学方法	
说教学过程	
说板书设计	

二、 模拟上课

模拟上课就是试讲教师不面对学生，将教学设计表演出来的过程。模拟上课通过自问自答，自我设置情境，模拟课堂上真实的教学过程。通过模拟上课，师范生可以锻炼自己的课堂讲授能力，使自身具有整体课堂教学的意识。

模拟上课和说课不一样，说课主要是说教学设计以及教学设计的理念，而模拟上课则是把教学设计表现出来的过程。

模拟上课主要有以下任务：

第一，按照说课稿进行独立练习。

第二，在独自练习的基础上，在小组前进行练习。

第三，录制模拟上课视频，自我观看后撰写反思总结，思考如何改进。

模拟上课记录与反思任务 1

课题录制时间	
目标反思	
讲述行为反思	
教学过程反思	
提问反思	

续表

教学评价反思	
教学方法反思	
板书设计反思	

模拟上课记录与反思任务 2

课题录制时间	
目标反思	
讲述行为反思	
教学过程反思	

续表

提问反思	
教学评价反思	
教学方法反思	
板书设计反思	

第四节　试讲、正式上课与磨课

一、试讲

试讲形式多样，如模拟上课，或请实习生充当自己的学生进行半真实上课，也可以是在真实的课堂中上课。

通过试讲，师范生就可以逐渐独立进行课堂教学了。一般情况下，第一次试讲还是要把自己的教学设计通过说课、模拟上课后再进行。

试讲中要注意课堂教学的所有环节，特别是“教”的环节。一般情况下，需要注意导课环节、提问环节。

(一) 导课

“导入新课”是一堂课的开始，是教师上课的“开场白”。课堂教学的导入虽仅占几分钟，但它是教学过程中的重要环节和阶段。教学实践也证明，一堂课，导入得法，片刻之间就能营造一种浓郁的学习氛围，学生的积极性能得到充分调动，并迅速进入良好的学习状态，进而为师生学习新课内容奠定良好的基础。优秀教师常用的导课方法有以下几种：

1.巧设疑难法

巧设疑难导课法是指教师导课时针对教材的关键、重点、难点，巧妙设疑，把学生带入问题情境，从而激发学生的求解愿望，使其积极地思考问题。

例如，有位老师在教《美丽的小兴安岭》这一课时，是这样导课的：

师：上节课，我们阅读了课文，初步了解了课文的主要内容，并将课文分为三部分。请同学们说一说，哪句话是文章的中心句？它起什么作用？

生：课文第三部分的最后一句话："大兴安岭是一座美丽的大花园，也是一座巨大的宝库。"

生：这句话概括地揭示了文章的主旨，又总结了课文。

师：下面，我们就围绕这句话学习课文的重点部分——第二部分，看一看小兴安岭究竟美在哪里，从什么地方可以看出它是个巨大的宝库。

又如，特级教师钱梦龙在教学《岳阳楼记》这一课时这样导入：

师：历代都将范仲淹的《岳阳楼记》作为散文名篇收入各种选本，从南宋文人编的《宋文鉴》开始，直到当代的各类散文选，都选有这篇文章。它究竟有哪些独到之处，使其成为千古传诵的名篇呢？请同学们认真学习《岳阳楼记》，想想其中的道理。

这样设疑导入，把学生的注意、兴趣、思维一下子吸引到核心问题上来，并促使学生围绕核心问题阅读、思考，这极大地诱发了学生的求知欲，从而为整堂课的成功教学奠定了基础。

2.分析课题法

分析课题导课，是利用课文题目中的关键词语或根据课文题目提出一系列问题来导入新课的方法。这种方法的特点是可以引导学生初步了解课文的主要内容，把握课文中心。

例如，一位小学老师教学《将相和》这一课，在板书课题后这样讲解：

师：这是一个有名的历史故事。"将"，将领，率领军队的人，这里指赵国的大将军廉颇；"相"，古时辅助国王掌握政权的最高官吏，后来也叫"宰相"，这里指蔺相如；"和"是和好。将相和好，说明他们原来有矛盾。廉颇和蔺相如之间有什么矛盾？后来为何又和好了？我们学过课文就知道了。

这样开讲，简要地补充一点知识，帮助学生理解了课题的意思，然后从"和"这个词引出两个统领全文的问题，初步提示了课文脉络，有助于学生抓住作者的思路，指向性强。

3.叙述故事法

故事本身有情节，青少年学生比较爱听故事。用讲故事的方法导入新课，可以激发学生的学习兴趣，并且有利于启发学生的思维和想象力。对于那些故事性强或有典故可引的作品，教师可以先讲述课文中的一些情节或与作者、作品有关的故事，然后引入本课。

例如，在教《田忌赛马》这一课时，有位老师是这样导课的：

师：今天，我们再来学习一篇历史故事——《田忌赛马》。田忌是战国时期齐国的一名大将，他喜欢赛马。有一次，他与齐威王赛马，一共赛了三场，田忌都败了。齐威王特别高兴，得意洋洋地夸耀自己的马。田忌感到非常扫兴，他垂头丧气，准备离开赛马场。这时，他的好朋友，齐国著名的军师孙膑拦住了他，并给他出了主意，让田忌重新与齐威王比赛。田忌按着孙膑出的主意同齐威王又赛了三场，结果，田忌胜了。齐威王面对这突如其来的结局，目瞪口呆。同学们，还是原来的马，田忌为什么能转败为胜呢？究竟孙膑给田忌出了个什么主意呢？欲知详情，请同学们读课文，课文会告诉你们的。

老师根据教材内容特点，叙述田忌赛马先败后胜的过程，且提问原因在哪里，以此激发学生的兴趣，顺利导入新课，而且基本上也把本课的学习重点提出来了。

4.直观导课法

直观导课是指教师借助一些辅助手段，如挂图、录像、投影、版画、实物等进行导课。讲课起始利用这些手段，给学生留下初步的整体印象，激发学生的兴趣，启发学生主动学习。直观导课不仅能吸引学生的注意力，调动他们学习的积极性，也有利于培养他们的观察能力和思维能力。

例如，有一位老师在上《坐井观天》这一课时，是这样导课的：

师：(出示挂图) 请同学们看一会儿，说一说图片上都有什么？

生：天上有个太阳，地上有一口井。

师：你们看一看，这只小鸟与这只青蛙在干什么呢？

生：它们好像在说话。

生：它们好像在争论什么。

师：同学们观察得很仔细。它们是在谈话，在争论。你们想知道它们在说些什么吗？想知道它们究竟为什么事争论吗？下面我们就来学习《坐井观天》这篇课文。

5.运用比较法

所谓比较，就是根据新旧知识的联系点、相同点与不同点，采用类比的方法导入新课。

例如，有位教师在教学柳永的《雨霖铃》时，利用小学阶段学过的李白的《赠汪伦》一诗导入：

师：人有悲欢离合，月有阴晴圆缺。“离别”是文人墨客笔下常见的一个主题。在小学时，我们就学过了唐代诗人李白的《赠汪伦》，今天我们要学习的这篇文章也是书写离别情怀的，同学们认真比较，稍加品读就会发现一个是明朗豁达，一个是哀伤凄切。一篇字里行间激荡着少男少女般的欢笑，一篇却蕴藏着失意落魄的喟叹。为什么反差会如此强烈呢？我们现在先来看作者柳永的生平及时代背景。

6.以旧带新法

利用旧知识导课，是利用新旧知识的联系，由旧知识引出新知识的导课文法。比如在阅读教学中，常常运用比较的方法找出两篇课文的异同点，通过温故而知新。

例如，有位教师教《桂林山水》这一课，是这样导课的：

师：上一课我们学了《长城》，那是北国风光，雄伟壮丽；这一课我们要去游览桂林山水，看看南方景色，秀丽奇异。

7.介绍说明法

教师在讲解那些比较著名的作者的作品之前，可以先从介绍作者入手，亦可从介绍作品的地位和影响入手，这样的导课，由作者到作品，顺理成章，引入自然。

例如，有位教师在教《狂人日记》时，是这样导课的：

师：在中国现代文化史这片星空里，有一颗光彩夺目的巨星，他就是大家所熟知的伟大的思想家、革命家、文学家鲁迅。他所写的《狂人日记》是我国现代文学史上第一篇猛烈抨击“吃人”的封建礼教的白话小说。要知作者是怎样抨击的，让我们来学习这篇小说。

8.实验导课法

理科教师经常利用实验的不确定性和神秘性导入新课，使课堂有一个良好的开端。

比如，有教师在教摩擦起电的课程时，他让学生用两本书做了个小实验：把书的每张纸重叠在一起，然后自己用双手把两本书分开。结果就是男生也难以拉开。正好借机提出问题：为什么他们的实验没有成功？

9.情境导课法

教师设置一个与教学内容密切相关的真实情境，如案例、事件、故事等，利用学生的关注、共情或疑惑顺利进入新课。

10.游戏（活动）导课法

游戏是学生喜欢做的，如果能设计出与教学内容相符合的游戏活动，课堂教学就成功了一半。

11.目标导课法

上课时，第一步就提出教学目标，往往会起到很好的效果。

(二) 授课技能

这里的授课技能主要是指教师如何利用语言，以逻辑为主线上课的方法和策略。对新人来说，可以从以下方法入手。

1.实例解说法

运用学生熟悉的事例，引导学生从情境中接触概念，从感知到理解。或者把未知与已知联系起来，说明事物的本质属性和基本特征。这种方式一般用来讲解无须定量分析的理论知识，在教学中，特别是在文科教学中运用较多，抽象性知识的讲解也较多运用此法。

2.对比据典法

将未知与已知对比，从比较中找出差异，鉴别本质属性和基本特征，在区分概念的基础上掌握规律、原理和法规。

3.层层剥笋法

按照教材的逻辑体系，同时遵循学生的认知规律，一环套一环，环环扣紧，一步跟一步，步步推进，由浅到深、由表及里地进行讲解。

4.逻辑推理法

(1) 归纳法。从若干个事例中推导出一般原理，即从个别到一般，称为归纳法。归纳法是要分析事实、经验或实验，抓住共同因素，概括本质属性，综合基本特征，用简练而又准确的词语作出总结，再把结论用于实践，解决典型问题，最后将相似的、易混淆的内容进行比较，指明分界点和联系点。

(2) 演绎法。将理论、原则应用于具体事例，即从一般到个别，称为演绎法。演绎法首先讲解规律、原理和法规，再举出正反实例进行验证，分析它的内涵和应用范围，最后要求学生举例应用。

例如，名师窦桂梅在教《圆明园的毁灭》这一课的第一段时讲授方式如下：

师：既然造成了不可估量的损失（读词并板书：不可估量），我们走进圆明园，先走进这片废墟（多媒体出示废墟图片）。圆明园有多大呢？

生：347 公顷。

师：一公顷相当于多少平方米？

生：10 000 平方米。

师：你们算一下有多少万平方米？

生：3 470 000 平方米。

师：估算一下我们听课的教室有多大？

生：200多平方米。

师：你们说这么大一个圆明园相当于多少个教室？

生：大约10 000多个。

师：圆明园大不大？可我们刚才看到的废墟只是几处啊，只是圆明园的冰山一角呀！

孩子们，这么大的一片废墟，请你们带着刚才看的感受和估算的感受再读这段话。

窦老师在讲解圆明园的“大”时，就用了实例解说法、对比据典法、层层剥笋法和逻辑推理法，使学生真正体会到圆明园的伟大。

（三）授课

授课又称讲授，它是用语言传授知识的一种教学方式。它是通过语言对知识进行剖析和揭示，剖析其组织要素和过程程序，揭示其内在联系，从而使学生把握其实质和规律。

授课是课堂教学的核心，在授课过程中，应体现两个特点：一是紧扣目标，二是重视引导。这一环节一般需25 ~ 30分钟，根据教学目标分类法，可从下列方面授课。

1.认知目标导达

（1）认知领域中属识记、理解、简单应用较低层次的目标，即教材中难度不大的概念内容，一般可采取“自学”方法，即在教师指导下，让学生围绕教学目标阅读教材，然后通过提问或出示变式题（教材“练习”水平）发起集体讨论，让学生充分理解新知识、新概念。强调学生对概念的自我探索意识，并通过及时反馈，师生信息交流，评价正误，及时补救知识的缺陷和纠正概念上理解的偏差。

（2）认知领域中属掌握、应用较高层次的目标，即教材中重要概念、定理、公式等的运用，在教学方法上一般采用讲解法、分析法、探索发现法、演示法、层层剥笋法、类比分析法等，把“点拨”落实在知识难点上，把“精讲”落实在“新知识、新环节”上，通过精讲、精练，使学生掌握并学会运用。

2.能力目标练达

将知识转化为技能、技巧，培养学生的动手操作能力。这里要有意识地进行强化训练，培养学生运用所学知识解决实际问题的能力，并及时提出训练要求：正确、迅速、规范。在训练中获悉学生的学习进程，了解学生的学习效果，矫正学生的错误认知，创设愉快、紧张训练的情景气氛，让学生在最佳的状态中达到预期的训练效果，最终使学生将知识转化为技能或能力。

3.情感目标引达

培养学生树立科学的世界观，明确正确的学习目的，培养顽强的学习毅力，养成良好的学习习惯，掌握一定的良性思维方法和思维品质。每一节课都要注意情感、传授知识与培养能力三者的统一，寓情感于整个教学之中。通过揭示教学内容中所蕴含的情感观点，使学生在潜移默化中受到教育，提高自身的素质。

教师在授课讲解、引导中需要做到以下几点。

（1）教学语言要求准确精练，启迪智慧。特级教师贾志敏在教《两个名字》一课中“我有……，你也有……，哈哈……，我们都有……”的句式时，信步走到学生中间，贾老师左手拿着一支笔，右手握住其中一个学生的手说：“你好，我有一支笔。”“您好，我也有一支笔。”学生高兴地站起来说，同时举起了一支笔。接着，贾老师亲切地示意这个学生和他一起说：“哈哈，我们都有一支笔。”学生们纷纷与他对话，这时候，贾老师启发学生们说：“你们能不能说说看不见、摸不着的东西?”对话的难度增加了，学生们认真思考后举起了手，有的说：“您好！我有一颗爱心。”贾老师（激动地竖起大拇指）：“你好，我也有一颗爱心。”“哈哈，我们都有一颗爱心。”贾老师的这段授课语言精练，具有启迪智慧的效果。

（2）课堂教学模式要创新。教学过程是师生交往、积极互动、共同发展的过程。教师必须积极创造有利条件，改变过去教师主导、学生被动接受、死记硬背、机械训练的教学模式。教师可创设自主学习情境，师生共同研究文本、解读文本，培养学生养成教学反思的良好学习习惯，变原来教师主导的教学模式为师生共同发展的教学模式。

（3）教具准备齐全，使用合理。教具是课堂教学的重要辅助手段，包括实验仪器、药品、模型、挂图、标本等，恰当地使用教具能增强教学的直观性，提高学生学习的积极性，引人入胜，激发学习兴趣。

（4）教学操作正确，讲授科学。

①方法的科学性。科学的方法在于组合，在于优选。但不管怎么组合，怎么优选，都应做好理论联系实际，要从微变做起，贯彻“推出”思想，强化责任感意识。概念、定理、公式等以水到渠成的方式推出，给学生创造良好的学习情境。当然，所谓科学是相对而言的，要根据实际情况，不断调整，不断变化。只有更好，没有最好。

②内容的科学性。即在讲授中所阐述的一切文本、现象、概念和规律是正确的，对实验的进行、规律的论证方法以及文本的解读要实事求是，不能发生错误。

③表达的科学性。教师讲授语言表达不准确，必然导致学生对知识的错误理解，

这当然是不可以的。但是在实际中，这类问题较多。例如，各门学科都有特有的概念、范畴，专业术语都有确切的内涵和处延。教师讲授某学科知识时，必须使用该学科的专业术语，一般不能用生活用语来代替。

(5) 热爱学生，尊重学生。热爱学生，是教育学生，提高教学质量的前提。法国教育学家卢梭说："热爱可以弥补才能之不足。"教师对学生的爱，能够促进学生情感的发展，能够促进学生的个性发展，能够提高学生对教育教学活动的兴趣。教师不断对学生施加爱，使学生从教师的爱中认识到自己的价值，能够树立其自尊心和自信心。这样，能促使他们乐观向上，奋发进取，培养出自尊、自信、积极豁达的性格和不怕困难、战胜困难的精神。

(6) 与思想教育相结合。适时地对学生进行思想品质、思维品质、专业思想等方面的教育，做到既教书又育人。

试讲（模拟）记录与反思任务表

试讲题目	
目标实现情况	
授课行为反思	导课：
	讲授：
教学环节安排	

续表

提问效果	
教学评价效果	
教学方法使用	
板书设计效果	

二、正式上课

上课是教学的核心部分。师范生通过前面的感性认识、模拟上课、试讲，现在终于可以正式上课了。正式上课是在真实的教育情境中发生的事，是实战，容不得半点失误。一般来说，正式上课，师范生主要是关注教学设计的顺利推进，还顾不上因材施教。师范生上课时还很容易被学生的反应带偏，以致无法完成教学任务。

在前面的试讲中，我们主要练习了导课、授课技术，现场上课还需要关注提问与课堂管理技术。

(一) 提问

提问是指在课堂教学中，教师根据一定的教学目的要求，针对有关教学内容，设置一系列问题情境，要求学生思考回答，以促进学生积极思维，提高教学质量的活动。提问是教师运用提出问题，以及对学生回答的反应的方式，以促使学生参与学习，了解学生的学习状态，启发思维，使学生理解和掌握知识，发展能力的教学行为。

1. 问题结构

（1）提问的目的要明确，意图要清楚。完成问题框架的过程，就是学生学习和发展的过程，也是教师实现教学目标的过程，因此，设计什么样的主问题和关键问题，如何把学生对文本的内容和语言形式的理解组织进来，在这一过程中怎样进行听、说、读、写、练、理解、内化的训练，怎样激发学生的学习兴趣和动机，发展学生的智力，培养品德，提高能力等，教师都必须全面地考虑清楚。

问题的设置要合乎教学的内容，不能为了设疑而设疑，搞形式花架子。设计的主问题，要能引导学生掌握文本和知识的主要内容；设计的关键问题，要有助于学生深入理解文本和知识，弄清文本和知识的实质。设计问题可以从这几方面入手：文本和知识的重点、难点处；学生易混淆、易忽略而又与理解文本与知识内容关系密切处；文本和知识的画龙点睛处；能触发学生想象联想，发展其创造性思维。

（2）主问题的设计既要从文本和知识中心内容出发，又要考虑学生的实际。主问题的设计应从为学生阅读理解文本和知识搭桥这一目的考虑。主问题既是教学目标的体现，又是指引学生思考的突破口。从文本与知识和学生两方面考虑，设计主问题，既能引起学生阅读、理解、思考的兴趣，又能带动学生对知识的理解和把握。

（3）问题设计的难易程度要适合不同层次的学生。一个班的学生知识和能力并不在同一水平上，因此，设计问题时要考虑不同层次的学生。所设置问题的难度应与中等以上学生的认知水平相符，所设置的问题应该在最近发展区内。

（4）问题排列的顺序要合理。这里所说的合理，主要是指问题的排列要符合人们认识事物的规律，同时又要符合知识本身的逻辑关系。

2. 问题措词

问题设计的语言要准确、明白、简洁，问题的表述要适合全体学生的心理发展水平和知识能力水平，使他们能较快地作出反应。

措词准确、明白包括三个方面的内容。其一，要清楚学生究竟有哪些问题，文本和知识中哪些地方应当设疑。问题抓得准，摸得透，才能做到有的放矢，切中要害。问题提得不准，就会使提问过程流于形式。其二，问题的表述要明白、确切，让学生明确思维定向。其三，措词简洁，是强调问题的文字表述要简洁，不啰唆。

3. 突出问题中心

突出问题中心，包含两个方面的内容。一方面是指教师要确定问题回答范围的大小。范围大的问题，可以使尽可能多的学生参与；范围小的问题，指向性强，能较有效地引入一个课题或帮助学生回忆。像培养学生发散思维的问题，就属于回答范围大的问题。这类问题要求学生运用所学的内容，展开想象和联想，进行创造性思维，提出新的见解。一般来说，这类问题的答案不限于一种。对答案的判断，要根据提问的意图，看其是否合理，是否有创见，而不能简单地判断正误。

另一方面是指一个问题中所包含的任务数量。也就是说，问题的中心要突出，使学生能集中精力，全力以赴地完成一个任务。任务量过多，会给程度较差的学生带来消极影响，导致学生忙于完成两个以上的任务，而造成思维混乱，条理不清，以至失去信心。

为了突出问题的中心，集中力量解决问题，可以化整为零，分几步走，使绝大多数学生能参与讨论。

4. 问题提示

教师提出问题之后，或者当学生的回答与教师所期望的回答有一定距离时，教师往往要从内容到方法上给予学生指点，使其理解、思考的注意力相对集中到某些方面，从而得出教师所期望的回答。教师的这种指点就是提示。提示的内容通常包括：

(1) 学生阅读中容易忽略的地方；

(2) 透过字面应该深入理解之处；

(3) 与理解课文有关的知识、资料；

(4) 某些重要词句；

(5) 语言表达形式；

(6) 分析的思路和方法。

在提问过程中不善于提示，不仅会浪费许多时间，而且最终往往以教师的理解代替了学生的思考。提问非但没有发展学生的思维能力，反而成了一种摆设，尽管课堂上热热闹闹，但实质上还是教师“一言堂”。

5. 提问分布

为了使尽可能多的学生参与教学活动，教师应该有意识地将问题在全体学生中发散，以此来鼓励所有学生，使他们感到形成一个答案人人有责，而不仅仅只是几个学生的事。提问面向全体学生，不仅能使各种程度的学生共同参与，从而诊断出共同存在的问题，还可以查明某个学生学习的困难。

6. 提问停顿

由于学生在反应和表达方面存在着差异，因此，教师提问时要有停顿，使学生做好接受问题和回答问题的思想准备。停顿对于教师和学生都有一定的意义。教师提问后停顿一下，环顾全体学生，观察他们对提问的反应。这些反应一般都是非语言的身体动作或情绪反应，而这些反应给教师提供了信息。停顿同样也给学生提供了一定的信息。停顿时间较短，表明问题简单，要求迅速作出回答；停顿时间较长，表明问题比较复杂，要求仔细从多方面思考。

7. 提问反应

反应指的是教师对学生回答的反应。教师的反应对学生进一步参与起到重要的决定作用。要对学生的回答作出正确的反应，必须对学生的回答进行正确的分析，而这种分析判断是在转瞬间完成的。

分析学生的回答包括以下几种情况：

（1）分析学生回答的正确程度。学生的回答可能是：完全正确；基本正确；完全错误；答非所问，文不对题；回答与预想答案有距离；回答超前，即教师计划两三步才能达到目的，而学生一步到位；学生对提问没有反应；等等。

（2）分析学生回答的思路和误答的原因。不管学生的回答正确与否，都应重视对学生思路的分析。要弄清楚学生在思考过程中，在什么地方偏离了正确方向，以致离开了预想的答案；要分析学生偏离正确方向的原因——或忽略了某些内容，或对某些内容理解不恰当，或没有弄清题意，或判断、推理不合逻辑等。只有找准了误答的原因，才会有相应正确的措施。即使学生回答完全正确，也要分析其思路。

（3）分析个别学生的回答与全班大多数学生的理解是什么关系。这种分析的目的是既要考虑全体学生，又要照顾到个别学生。个别学生回答得好，那么，班上大多数学生的理解是否也达到了这一水平；个别学生回答存在问题，需要采取相应的措施，那么，他的问题是不是班上大多数学生的问题。总之，既要面向全体，也不能忽视个别学生。

做了以上分析后，教师应立即作出反应，或是对学生的回答进行恰当的评价，或是对问题本身做调整，再次提问。

8. 提问评价

评价有这样几种情况。一是确认，即学生的回答是可以接受的，教师要予以确认。确认的方式有几种：重复学生的回答内容，对学生的回答加以转化，对回答做概括，对回答做进一步扩展；对回答思路做分析；对回答方法作出确认。除教师确认外，还可调动学生群体，师生共同确认。二是有分寸地进行肯定或否定，并予以纠正。评价学生的回答应遵循表扬为主的原则，鼓励学生积极思考，主动参与。即使是回答完全错误，也要注意发现其中的积极因素，给学生以某一方面、某种程度的肯定。教师在评价过程中的热情和公正，是使讨论深入下去的重要保证。

在提问过程中，教师的及时评价是非常重要的，然而做好并不容易。那种只会简单地肯定或否定，不善于从多方面做确认的反应，缺乏思维的导向；那种语言分寸感差，肯定少否定多，不善于多角度地运用语言的反应，在一定程度上影响了学生的学习情绪。在教学中教师必须充分注意师生之间在心理特征、知识能力水平、生活经验、审美情趣等方面的差距，并努力缩小这种差距。而缩小差距的最好办法，是善于把握每一个学生的心理反应，时时刻刻都设身处地为学生着想，爱护他们的学习积极性。在评价活动中，教师应尽量鼓励学生互相交流，因为同龄人之间更容易相互理解，同时，在交流中还会撞击出智慧的火花。

9. 问题类型

(1) 回忆性提问。回忆性提问一般有两个特点：一是答案具体，二是答案只有一个。这类提问只要求学生回忆具体的知识，并不要求学生对教师所提问题发表自己的观点和作出判断。通常的句式是："什么是 ×× ？""×× 是什么？"教师通常使用的关键词有：谁、是什么、在哪里、什么时候、有哪些、写出等。长期坚持运用回忆性提问，能有效提高学生的记忆力，并在回忆提问基础上，由易到难、由浅入深，使学生逐步做到对教材的理解和掌握。

(2) 理解性提问。理解性提问是用来检查学生对已学的知识及技能的理解和掌握情况的提问方式，多用于某个概念、原理讲解之后，或学期课程结束之后。学生要回答这类问题必须对已学过的知识进行回忆、解释、重新组合，对学习材料进行内化处理，组织语言然后表达出来。

(3) 应用性提问。应用性提问是检查学生把所学概念、规则和原理等知识应用于新的问题情境中解决问题能力的一种提问方式。应用性提问不仅要能启发学生独立思考，还要培养学生科学的解题思路，促使知识向技能、技巧、智力、能力转化，尤其是培养学生的创造力。

(4) 分析性提问。分析性提问是要求学生通过分析知识结构因素，弄清概念之间的关系或者事件的前因后果，最后得出结论的提问方式。学生必须能辨别问题所包含的条件、原因和结果及它们之间的关系。

(5) 综合性提问。综合性提问是要求学生发现知识之间的内在联系，并在此基础上使学生把教材内容的概念、规则等重新组合的提问方式。

(6) 评价性提问。评价性提问是一种要求学生运用准则和标准对观念、作品、方法、资料等作出价值判断，或者进行比较和选择的一种提问方式。这是一种评论性的提问，需要学生运用所学内容和各方面的知识与经验，并融进自己的思想感受和价值观念，进行独立思考，才能回答。

10. 提问技巧

(1) 设问得当。突出趣味性、目的性、科学性、启发性、针对性、顺序性。

(2) 发问巧妙。对象明确、表述清晰、适当停顿。

(3) 启发诱导。注意启发诱导的时机：

一是当学生的思想局限于一个小范围内无法“突围”时。

二是当学生疑惑不解，感到厌倦困顿时。

三是当学生各执己见时。

四是当学生无法顺利实现知识迁移时。心理学研究表明：只有牢固和清晰的知识才能实现迁移，因此，教师应在讲授新课前通过提问复习与新课有关的旧知识，并在此基础上，讲授新知识，借由已知向未知过渡。

注意启发诱导的方式：

一是从联系旧知识入手，进行启发。例如，学习计算平行四边形的面积一节，让学生回忆长方形的面积公式并以此推算平行四边形的面积。

二是增设同类，对比启发。例如，在学习《松鼠的尾巴》一课时，教师在讲松鼠尾巴的作用前，先对《小壁虎借尾巴》一课中小壁虎尾巴的作用进行提问，启发学生思维。

三是读书指导，深入思考。学生回答时会“卡壳”常常是因为没有认真研读教材。因此，要指导学生在读书过程中进行思考，从教材中寻找问题的答案。

四是运用直观手段进行启发。运用直观的教学媒体，如挂图、实物、电影、电视、多媒体教学课件等进行演示，引导学生回答问题。

五是把握教材内在逻辑关系，逐步提问引导。

(二)课堂管理

真实课程中，由于学生的参与，使课堂主体增加，课堂结构复杂了。优秀教师通常是通过如下手段和方法来实现课堂教学流畅舒服的。

1.对课堂整体方向和秩序的组织与管理

教师按照教学设计以及教学常规展开教学，同时用各种方式调控教学走向，提高教学效率。常用的组织策略是：

到位——教师利用身体形态所带来的压力组织教学。上课前到教室门口，学生就知道是什么课，应该把什么课本拿到桌子上，做什么准备等。

语言——教师利用教育权威发布教学命令。从“上课”的口令到“下课”的口令以及每一个教学环节的递进与展开都是用言语组织教学。

肢体——教师利用肢体语言进行辅助组织和管理。

表情——教师利用严肃、愉悦、快乐、生气等表情进行课堂组织和管理。

眼神——教师利用眼神，或注视，或扫视，进行组织和管理。

沉默——教师利用眼神时可以同时利用沉默进行组织和管理。

2.对个别偏离课堂方向学生的组织与管理

一般来说，教师利用上述策略就可以组织、管理和调控全班同学的教学了。如果还有个别偏离课堂方向的学生，如说小话、开小差、不准备、故意捣乱等，教师就必须对其进行个别组织和管理。常用的策略是：

走动——在组织全班同学进行教学的同时，老师走动到达个别学生身边，进行压力管理。

手指——在组织全班同学进行教学的同时，老师利用手指直接让个别学生明白应该做什么。

言指——在组织全班同学进行教学的同时，老师利用语言直接让个别学生明白应该做什么。

沉默加眼神——如果开小差的学生超过三个，则教师就应该利用沉默造成的空白外加眼神的指向控制局面。

3. 对教学过程的指导性组织与管理

在教学进行过程中，对教学任务和教学活动的具体开展常常需要指导性组织与管理。

（1）对阅读、观察、实验的指导组织。教师在课堂教学的组织与管理中，时常要对学生的阅读、观察、实验、作业等学习行为进行有效的指导，监督学生形成良好的学习习惯，帮助学生养成良性的思维方式和课堂行为习惯，提高课堂学习效率。

（2）对课堂讨论的指导组织。教师根据具体的教学要求在课堂上要有计划地组织学生进行讨论。讨论根据学习的目的和要求可分为全班讨论、小组讨论、专题讨论、辩论式讨论等不同形式。

4. 对教学过程的诱导性组织与管理

对教学活动中的难点和问题常常需要诱导性组织与管理。常用的策略是：

（1）热情鼓励。课堂教学是师生之间心灵的交融与碰撞，教师不但要用自己的教学技能教育学生，更要以自己的人格影响学生。在施教过程中，要以人为本，善于发现学生时隐时现的闪光点，并及时给予肯定和鼓励。人民教育家陶行知先生说过：“你的教鞭下有瓦特，你的冷眼下有牛顿，你的讥笑中有爱迪生。”因此，教师在课堂中要有意识地多表扬鼓励，多正面疏导，多指明方向，这是教师要掌握的教学技能。鼓励表扬的方式可灵活多变，如语言鼓励、体势语鼓励、动作鼓励等。

（2）设疑激发。爱因斯坦说：“提出一个问题往往比解决一个问题更重要。”课堂上，教师设计的一个个问题，犹如一个个路标，可以使学生进入柳暗花明又一村的境界。著名特级教师钱梦龙说：“引导之法，贵在善问。”所以，教师根据教学目标合理设疑能激发学生探究的兴趣，激发学生学习的欲望。

5.对教学目标和任务的驱动型组织与管理

教师除了对整节课进行目标设计，利用目标的导向性和调控性组织和管理教学外，还可以把目标分解成小的任务，以完成任务来驱动教学向前展开，以达成整节课的目标。常用的策略是：

（1）游戏组织。利用游戏本身的组织力量驱动教学向前。

(2) 练习组织。利用练习带来的问题空间推动教学发展。

(3) 实验组织。利用实验本身的不确定性推动教学展开。

正式试讲教案

课题		课型	
程序	分析与设计		
教材分析			
学情分析			
教学目标			
重点难点			
教学策略方法			

续表

课题		课型	
程序	分析与设计		
教学过程			
情境导入			
内容展开			
板书设计			

正式试讲反思分析表

课题指导教师	
整体风格	

续表

课题指导教师	
目标达成度	
教学准备	
教态特征	
教学过程 环节导入 呈现新知 练习巩固 拓展延伸 作业布置	

续表

课题指导教师	
提问特征 提问体系 问题类型 问题分布 提问效果	
评价特征 鼓励性评价 反馈性评价	
方法特征 教学手段 教学方法	
板书特征 形式 效果	

三、磨课

磨课就是教师围绕一个课例反复试讲、反思、提高的过程。磨课可以是一个人磨，也可以是小组集体磨。磨课就像磨刀一样，需反复打磨，也像雕刻一样，需反复推敲。

磨课的形式有基本式、简化式、同课异构式、教学诊断改进式、行动导向式。

磨课程序可以是：选定磨课课题—开展备课分析—编制教学方案—在备课组说课—集体讨论修改—专家指导—同行对比研讨—二次修改方案—组织同伴观课、议课—再改教学方案—二次执教—录像回放—再改教学方案。如此反复，直到满意为止，最终形成优化教案，再撰写磨课体会，最后将磨课教案结集共享。

在磨课活动中，要注意以下事项：

一是磨课活动以五至十人异质同组为宜。这样，易于发现不同问题，提出不同观点。因为教师只有在不同的思想观念、教学方法的交流中，才能对各种观点作进一步的比较与鉴别，才能获得对问题更为本质、全面的认识，才能实现共同提高。

二是遵循磨课程序，实实在在地按序推进。平时磨课活动中，参与磨课的教师有的不进行备课分析，而是直接编制教案，编制教案的基础是什么？课标、教材还是学生？教师们的回答是经验。缺乏课标和学情基础的教学设计是教师的一厢情愿，这种固守经验、本末倒置的做法违背了磨课的本意——教师在生成好课的过程中获取知识与技能，实现专业成长。

三是反复但不重复。反复是不断地推敲，是质量的螺旋上升，而非简单机械地重复。教学是具有创造性的艺术，磨课正是这种创造性呈现的过程。磨课可以使我们在推敲中产生新方法、新理念，促使教学更加完美，这才是反复的价值。

四是经常化和制度化。要坚持每课必磨，周有小结，月有优课。

师范生可以根据实习学科组成磨课小组，开展磨课活动。通过磨课，既能形成高质量的教学设计文本，也能从中练习教学风格。

一般来说，优秀教师应具备如下特征：

(1) 语言幽默、有趣、生动，富有意境；体态语言美。

(2) 关心学生，爱护学生，保护与张扬学生的个性，课堂气氛和谐。

(3) 公平客观对待每一位学生，不偏爱，不袒护。

(4) 学会自我控制，不在课堂上发脾气，学会忍耐。

(5) 提炼备课内容，立足课文备课，又能脱离课本执教，在大脑中形成清晰的教学框架，能抓住目标与要点。

(6) 教学方法有效、多变、新颖，能调动学生学习的积极性。

(7) 讲究评价艺术，及时、适可、有针对性、有效刺激，能促进思维的生成。

(8) 富有教学机智，及时捕捉教学资源，处理好课堂生成知识。

(9) 合理调控“听、读（看）、思、说、练（用）”过程，让学生在感知过程中自主建构知识体系。

(10) 及时发现学生学习中的困难。

磨课活动记录

磨课课题		磨课人员	
主讲教师		指导教师	
磨课程序	分析与设计		
教材分析磨课			
重难点分析磨课			
教学目标确定			
教学策略方法确定			
教学模式			
教学过程			

续表

情境导入	
内容	
展开	
板书设计	

第五节 作业布置与批改

作业是巩固课堂教学成果，培养学生认真学习态度，养成学生良好学习习惯的重要手段，也是教学的重要环节之一。目前，国家对中小学的作业布置是有一些硬性规定的，如小学一、二年级不留书面作业，三至六年级书面作业时量不超过 1 小时。

一般来说，每个学校都有作业布置要求规范，规定了老师作业布置量及批改的要求。

一、作业布置的要求

(1) 作业布置要适量、适当、精要。

(2) 作业布置要有层次，数量要有弹性，可分必做题和选做题。

(3) 作业的形式要多样化。要着眼于学生发展；内容体现个性化、生活化、信息化；能让学生运用多种感官练习，唤起学生主动练习的欲望；变封闭性作业为开放性作业，使知识得到延续和发展。

(4) 严格控制课外作业量。为了充分照顾到学生的休息，原则上初一学生完成各种课外作业时量不超过90分钟，初二学生不超过120分钟，初三学生不超过150分钟。初三年级晚自习后原则上不得再留家庭作业。

(5) 各科作业布置数量的要求：数学、语文(基础知识)、英语、物理、化学每课原则上都要有书面作业；政治、历史、地理、生物每课尽可能有随堂作业；音乐、体育、美术、信息技术课可不布置书面作业。

(6) 布置作业应向学生提出严格明确的要求。对作业字迹、书写格式、完成时间等要交代清楚，并教育学生按时独立完成作业。

(7) 对学生完成作业的要求：学生作业马虎潦草，不及时完成或抄袭作业，少做、不做作业的，要对其加强批评教育和指导，并要求其重做或补做；不准以作业压学生，罚抄、罚写、罚做、罚站等，不准撕毁学生作业本。

(8) 对作业本的要求：尽量使用规范统一的作业本；作业本封面栏目要填写齐全，包括科目、年级、班级、姓名、学号。

二、作业批改的要求

(1) 教师要正确把握答题的标准答案，作业批改要认真细致，准确无误，无漏批、错批现象，要有作业批改记录。

(2) 教师批改作业要体现出示范作用，评改字迹要工整规范。教师批改作业一律用红笔；批改符号规范统一。除作文外，各科作业均采用如下符号：答案正确的打“√”；答案错误的打“×”；部分正确的打“\”，并在有问题的地方画横线或给予说明；对于作文批改，要规范使用修改符号。

(3) 作业批改后，要记上成绩。

(4) 作业批改形式多样化。作业本上的作业要全收全改，特殊情况下要面批。书店配发的资料可采用全收全改、抽查批改、面批面改、重点批改、学生自改、学生互改等多种形式，但都必须写清批改日期、等级、次数等。

(5) 书面作业要及时批改。数、理、化、英作业在教师处停留不得超过3天，语文作业两天内批改，作文要在下一次写前批好，政、史、地、生作业在教师处停留不超过一周。

(6) 搞好作业讲评。对好的作业要展评、表扬、激励；对学生作业中的独到见解，要听学生分析理由，正确的要表扬，错误的要与学生一起分析原因，个别辅导，帮助其及时订正；对于共性的问题要全班分析订正，避免光练不改、不讲评、不订正的现象。

(7) 学校主要根据下列指标检查教师的作业布置与批改情况：学生作业数量，教师批改次数，教师批改认真程度，有无评语或等级，有无批改时间；学生作业整洁度，书写规范水平，有无涂改现象；对学生订正的题老师是否有复批；根据学科特点，是否采用灵活多样的批改方式，是否使用评语式批改，是否以激励为主。

师范生作业布置与批改一周分析表

<table>
<tr><td>学科</td><td></td><td>任课教师</td><td></td></tr>
<tr><td colspan="4">布置与批改分析</td></tr>
<tr><td>数量</td><td colspan="3"></td></tr>
<tr><td>层次性</td><td colspan="3"></td></tr>
<tr><td>针对性</td><td colspan="3"></td></tr>
<tr><td>作业类型</td><td colspan="3"></td></tr>
</table>

续表

创新性	
批改次数	
批改符号	
批改效果	

第六节　试卷分析

一、试卷分析概述

试卷分析是指根据学生的答案，对试卷进行分析研究，并做整体性评价。依据试题试用或正式使用后的结果，分析试题的信度、效度、难度、区别度和客观性等。试卷分析的重要功能是了解教学效果，了解学情，了解教学定位、方法、策略是否得当，了解学生掌握知识的水平，哪些知识点的掌握还不到位，学习效果与教师的预期有怎样的差距，等等。根据发现的问题，寻找产生的原因，寻求解决的办法，由此调整教学策略，改进教学方法，提高教学质量。因此，需要通过科学的手段进行试卷分析：收集数据、激活数据，反思教学过程，找到问题的答案。换言之，要用数据说话，而不是凭感觉下结论。

试卷分析的方法有很多，师范生可以根据所在学校的要求和规范进行试卷分析，也可以采用更加全面的技术进行分析。一般情况下，试卷分析的思路是：

第一，从逐题分析到整体分析。从每一道错题入手，分析错误的知识原因、能力原因、解题习惯原因等。

分析思路是：

(1) 这道题考查的知识点是什么？

(2) 知识点的内容是什么？

(3) 这道题是怎样运用这一知识点解决问题的？

(4) 这道题的解题过程是什么？

(5) 这道题还有其他的解法吗？

在此基础上，学生就可以进行整体分析，得出一个总体结论了。

第二，从数字分析到性质分析。要点有三：

(1) 统计各科因各种原因丢分的数值。比如，计算失误失分、审题不清失分、考虑不周失分、公式记错失分、概念不清失分等。

(2) 找出最不该丢的 5 — 10 分。这些分数是最有希望获得的，找出来很有必要。在后续学习中，努力找回这些分数可望可即。如果真正做到这些，那么，各学科累计在一起，总分提高也就很可观了。

(3) 任何一处失分，有可能是偶然性失分，也有可能是必然性失分，学生要学会透过现象看本质，找到失分的真正原因。

第三，从口头分析到书面分析。

第四，从归因分析到对策分析。以上分析，都属现象分析，在此基础上，学生就可以进行归因分析和对策分析。三种分析逐层递进：现象分析回答“什么样”问题，归因分析回答“为什么”问题，对策分析回答“怎么办”问题。对此，学生要首先做到心中有数，下面将做详细探讨。

二、试卷分析的常用概念

1.难度与难度系数

难度指应试者解答试题的难易程度，是描述性语言。通常说“这个题目难度大”，就是指该题比较难。

难度系数也可以理解成“容易度系数”，是 0 — 1 之间的量值，难度系数越大，说明题目难度越小。难度系数一般分整卷难度系数和单题难度系数。

2.期望难度与实际难度

期望难度是根据应试者的实际情况和考试所要承当的功能，命题时预设的难度系数。譬如，对于选拔性考试，如高考，一般设置期望难度系数为0.55左右，使其能够较好地区分考生的学业水平，达到选拔的目的。而水平性考试，如高中学业会考，一般设置期望难度系数为0.80—0.90，平时教学质量检测等考试一般设置为0.70—0.75。

实际难度是应试者考试的结果，与应试者实际学业水平有关。通过比较期望难度和实际难度，可以了解教师教学重点把握情况，可以了解学生掌握知识的真实情况，如教学目标的达成水平、模块掌握水平、某种题型的解题能力等一系列问题。

3.区分度

区分度D是试卷分析的一个指标，反映了试题对考生素质的区分情况。其数值在-1—1之间，数值越高，说明该试题的区分性越好。D ≥ 0.40时，说明该题目能起到很好的区分作用；D ≤ 0.20时，说明该题目的区分性很差。D值为负数时，说明试题或答案有问题。如果测试的区分度高，则该测试的信度必然理想，因此，提高区分度是提高测试信度的方法。测题的区分度和难度关系也很密切。太难、太易的题目，区分度都不太好。只有中等难度的题目，区分度才比较好。同时，区分度也是衡量题目质量的主要指标之一，是筛选题目的依据。

计算方法：选取高分组（试卷总分得分最高的27%应试者成绩）和低分组（试卷总分得分最低的27%应试者成绩）

整卷

A. 客观题区分度DA的计算公式：D=PH-PL（PH、PL分别为试题高分组和低分组考生的难度值）；

B. 主观题区分度DB的计算公式：D=（XH-XL）/N（H-L）（XH表示接受测验的高分段学生的总得分数，XL表示接受测验的低分段学生的总得分数，N表示接受测验的学生总数，H表示该题的最高得分，L表示该题的最低得分）。

区分度：D=2（XH-XL）/W（XH指高分组平均得分，XL指低分组平均得分，W指试题总分）。

4.标准差

标准差是反映学生成绩离散趋势的指标，一般来说，S > 15时，离散程度就比较大。

5.正态分布

统计规律表明，考生的智力水平，包括学习能力、实际动手能力等呈正态分布。因而正常的考试成绩分布应基本服从正态分布。成绩分析要求绘制出学生成绩分布的曲线或直方图，以“中间高、两头低”来衡量成绩符合正态分布的程度。综合考察标准差与平均分以及成绩分布的曲线，可以了解学生成绩的分化程度、分布密度等情况。

6.相关系数

反映个体与相关群体差异性、异常性关系分析。具体应用方法参考教育统计与研究方法新课程数学《独立性检验》。

7.试题的效度与信度

试题的效度是指测验测量的内容与其所要测量的内容的符合程度。在鉴定某项测验是否有效时，根据施测目的及其解释方法不同可分为：

(1) 内容效度。指从需要测验的教材中提取样本的适应程度。

(2) 结构效度。结构即用来解释学生的心理特质或内在特征。

(3) 预测效度。指测验分数对于未来的行为或作业测量所能够预测的程度。

(4) 信度。主要是指测量结果的可靠程度或一致程度。

三、试卷分析的内容

(1) 整卷难度分析。了解难度（平均分）、离散程度（标准差）、分数段分布（正态分布）、试题得分分布（期望难度的布局与实际情况的差异）。

(2) 难度层次分析。通过对“容易题”“稍难题”“较难题”的得分情况分析，了解学情、教学定位是否准确等问题。

(3) 知识结构分析。通过对知识板块得分情况的分析，了解学生知识板块的掌握结构以及教学目标达成情况。

(4) 题型得分分析。了解“选择题”“填空题”“解答题”等题型的解题能力水平。

(5) 命题质量分析。考查试题区分度，了解试题质量以及考试结果的信度。

(6) 相关性分析。通过研究某些特性的个体与整体的相关系数，进行该特性的个体差异性分析，如女生群体与整体的相关性分析。

四、试卷分析工具

1.难度系数对照表

常规教学要求：适合平时教学质量检测。

常规教学要求			
整卷期望难度	难度层次	难度系数	比例
0.70 ~ 0.75	容易题 A	0.80 ~ 1	3
	稍难题 B	0.50 ~ 0.80	5
	较难题 C	0 ~ 0.50	2

水平性测试：适合毕业考或高中学业会考命题。

水平性测试			
整卷期望难度	难度层次	难度系数	比例
0.80 ~ 0.90	容易题 A	0.85 ~ 1	7
	稍难题 B	0.50 ~ 0.85	2
	较难题 C	0 ~ 0.50	1

2.初始数据编制表

知识板块	1	2	3	4	5	6	7	8	9	整卷期望难度
题目编号	1	2	3	14	24	25	26	27	28	0.60
题目分值	5	5	5	4	6	7	8	7	8	
期望难度	0.85	0.90	0.80	0.70	0.70	0.65	0.55	0.40	0.20	
题目类型	选择题	选择题	选择题	填空题	解答题	解答题	解答题	解答题	解答题	0.60
原始编号	第 1 题成绩	第 2 题成绩	第 3 题成绩	第 14 题成绩	第 24 题成绩	第 25 题成绩	第 26 题成绩	第 27 题成绩	第 28 题成绩	

单元（期中）试卷质性分析

学科	

续表

<table>
<tr><td>试题来源</td><td colspan="5"></td></tr>
<tr><td rowspan="2">考情分析</td><td>应考</td><td>实考</td><td>及格率</td><td>优秀率</td><td>平均分</td></tr>
<tr><td></td><td></td><td></td><td></td><td></td></tr>
<tr><td>成绩分析</td><td colspan="5">试卷构成分析：

每道题得分率：</td></tr>
</table>

续表

成绩分析	答题错误原因分析:
改进措施	

单元（期中）试卷量化分析

<table>
<tr><td>学科</td><td colspan="5"></td></tr>
<tr><td>试题来源</td><td colspan="5"></td></tr>
<tr><td rowspan="2">考情分析</td><td>应考</td><td>实考</td><td>及格率</td><td>优秀率</td><td>平均分</td></tr>
<tr><td></td><td></td><td></td><td></td><td></td></tr>
<tr><td>量化分析</td><td colspan="5">采用分析工具对试卷的信度、效度、难度、区分度、成绩分布、知识点得分率等进行分析并以图表的形式呈现。</td></tr>
</table>

续表

量化分析	
改进措施	

第三单元　班（团）队会管理工作实习

班（团）队会管理工作实习是综合性教育实习的重要组成部分，是师范生把教育教学管理理论与教育教学管理实践相结合的实际操作。一般来说，中小学教师要从事班主任工作，小学教师还要从事少先队辅导工作，中学教师还要从事共青团指导工作。这些班（团）队会管理与指导工作和教学工作有不一样的特点，也需要师范生在具体的参与实践中探索和反思。

根据《浙江省高校师范生教育实践规程（试行）》要求，结合实际，我们认为学校班（团）队会管理与指导工作的主要任务应该包括如下内容（见下表）：

项目	主要内容	任务与作业
班（团）队会管理工作实习	1. 班（团）队会工作方案的设计与实施； 2. 个别辅导与谈话技能； 3. 课外活动组织观察与指导； 4. 家访的策略与实施。	1. 班级活动方案 1 个； 2. 少先队活动方案 1 份； 3. 学生典型个案分析 1 篇； 4. 家访记录 1 份。

通过上表中的实习内容，师范生应该达成如下实习目标：

第一，会设计与实施班（团）队会工作方案。

第二，会用个别辅导与谈话技能进行个别辅导。

第一节　班（团）队会工作方案的设计与实施

一、班（团）会、队会概念

班会是班主任或班委会对班级进行有效管理、指导和教育的重要途径和形式。在班会上，每个学生都可以发表自己的意见，参与集体管理，研究解决班级中的各种问题。班会的内容没有限制，班会既可以是专门为解决班级目前存在的某个问题而召开，也可以就某项教育展开，如热爱祖国、热爱集体、团结互助、文明礼貌、助人为乐、学习心得交流、环境保护、遵纪守法等。活动形式也多种多样，不同的班会主题，开展形式和具体程序也会有所差异。一般来说，开展班会可以是定期的，也可以是临时性的。小学中主要是召开定期的主题班会。

队会是少先队组织召开的会议。在小学，一般是一个班级组成一个少先队中队，每个中队都会有一个名字，因此，班会、队会往往是一起开的。

二、主题班(团)队会的一般程序

(1) 家长委员会、班主任或少先队辅导员一起选择班(团)队会主题。主题要鲜明，一般一次班(团)队会一个主题。

(2) 班委会(少先队委员会)召开预备会，布置传达全体同学(少先队员)准备。

(3) 设计主题班(团)队会方案。

(4) 召开主题班(团)队会。

(5) 总结。

三、中小学阶段经常选择的班会主题

爱国主义教育、自信与自卑·快乐与伤心、集体主义教育·认识自我、科学与生活·亲近大自然、攀比吃穿好不好·我对父母说、保护环境·学习的方法、什么是自尊·团结互助、助人为乐·健康的含义、朋友与义气·日常行为规范、孝敬父母·幸福是什么、文明礼仪·交通安全等。

四、主题班(团)队会设计要素

(1) 班(团)队会主题;

(2) 参加人员;

(3) 班(团)队会时间;

(4) 班(团)队会目的;

(5) 班(团)队会课前的准备;

(6) 班(团)队会主持人;

(7) 班(团)队会设计流程;

(8) 小结反思(班主任)。

师范生可以通过表格设计班(团)队会方案。

主题班会活动设计与实施反思表

主题名称	
参加人员	
班会时间	
班会目的	
活动前准备	
主持人	

续表

设计流程	
小结反思（班主任）	

主题队会活动设计与实施反思表

主题名称	
参加人员	
队会时间	
队会目的	
活动前准备	
主持人	

续表

设计流程	
小结反思	

主题团会活动设计与实施反思表

主题名称	
参加人员	
团会时间	
团会目的	
活动前准备	
主持人	

续表

设计流程	
小结反思	

第二节 个别辅导与谈话技能

在班级管理中，总会有一些问题学生。一般来说，学校中的问题学生主要是有一些问题行为，一般是妨碍个体良性发展、身心健康成长，或者给学校、家庭、社会带来麻烦的一系列行为。为了解决学生的问题行为，教师必须全面了解学生的背景资料和问题情况，对学生进行全面观察，准确地辨认这个学生言行中哪些内容构成了问题行为。尽管学生出现问题行为是个人、家庭、学校、社会等多种因素作用的结果，但是学校和教师还是要承担教育的第一责任。

一、中小学生常见的行为问题

学生的问题行为主要表现为漫不经心、感情淡漠、逃避班级活动、与教师关系紧张、容易冲动、坐立不安或活动过度等。学生问题行为的分类很多，一类是外向性的攻击型问题行为，包括活动过度、行为粗暴、上课不专心、与同学不能和睦相处，严重的还有逃学、欺骗和偷窃等；另一类是内向性的退缩型问题行为，包括过度的沉默寡言、胆怯退缩、孤僻离群，或者神经过敏、烦躁不安、过度焦虑等。也可以把问题行为分为：过失行为，主要表现为恶作剧、起哄捣乱、无理取闹、骂人、打架、损坏他人财物或公物、不遵守集体规则等；不道德行为，主要表现为小偷小摸、赌博、占小便宜、撒谎、侮辱女生、挑逗男生、猥亵行为、挑衅斗殴等；自我消极行为，主要表现为厌学、逃学、逃夜、离家出走、自我封闭、不愿与人交往、吸烟、酗酒、自暴自弃、自杀等。

师范生可以从下面的分类来观察，这样会更加容易理解学生。

(1) 人际交往问题。

①课间同学们都到室外活动，可观察对象不去参加，一个人坐在教室里发愣。不愿和同学们一起玩，即使去活动也不遵守游戏规则。

②学生行为难以捉摸，喜怒无常，经常打人骂人，或经常动手动脚威胁别人，狂妄、粗暴。

③学生上课不认真，不完成作业，不守课堂纪律，经常胡闹。

④学生不懂交往规则，不善于处理交往中出现的问题，缺乏责任感。

(2) 逆反心理。

①学生犯错误后不能诚恳接受老师的批评，总会歪着头斜着眼，满脸委屈或是不在乎，还会不断顶嘴，辩解的理由总有很多，离开老师时嘴里会不住地絮絮叨叨表达不满。

②学生不能控制自己的言行，喜欢在课上或课下表现出与众不同的样子，引起别人的注意，如怪叫或做鬼脸，毁坏班级或自己的物品，上课坐不住和别人说话，甚至对同学和老师进行报复。

(3) 厌学心理。

①课堂上学生不听老师讲课，总是打哈欠，昏昏欲睡。听课时不是在玩东西就是跟别人小声讲话，一支铅笔、一块橡皮都能玩上半节课，当老师提问时，还不知道老师问的是什么问题。

②学生做作业时不专心，把字写得歪七扭八、乱七八糟，字迹很难看清，甚至抄袭别人的作业。

③学生做事不主动，磨磨蹭蹭、拖拖拉拉，想着无关的事、看着无关的事，不做该做的事。

④学生课间活动行为冲动、动作张扬，经常一听到下课铃就往外跑，直到上课铃响才恋恋不舍满头大汗回到教室。

(4) 入学不适应。

①学生被送到学校，父母要离开时，拉着父母衣服舍不得离开，甚至哭鼻子。

②学生来到学校后，不是头疼就是肚子疼，感觉学校的饭菜不可口，学校的床铺不舒服，最盼星期六或是放假日的到来。

③学生在校时不愿和老师同学交流，不爱说话，不断给家里打电话，一打电话就会哭叫，并让父母接其回家。

④学生解决不好自己的事情，如饭前、饭后要去洗手，清洗自己的衣物，整理自己的床铺等。

(5) 注意力不集中。

①学生上课的时候，不认真听讲，经常东张西望或是发呆。有时爱做小动作，如玩钢笔、捏橡皮、抓耳挠腮、身体乱动、听到外边的声音就会转头等。有时老师提问也不回答，不愿出声不举手，看书时会跳字跳行，朗诵时丢字添字，爱看漫画书，不喜欢阅读文字书。

②学生做事粗心大意难以持久，不能像别人一样认真有序进行，往往是边做边玩，一件事没做完又去干别的事，常常出现粗心大意的错误。

③学生在生活中常常丢三落四，如找不到课本、忘记了作业、弄丢了衣服、摔坏了钢笔等。

(6) 经常迟到旷课的问题。

(7) 语言不文明的问题。

(8) 乱扔垃圾的问题。

(9) 敲诈勒索、打架斗殴的问题。

二、个人谈话沟通交流技术

1.倾听技术

倾听是指教师全神贯注地聆听学生的叙述，认真观察其细微的情绪及体势的变化，体察其言语背后的深层次情感，并运用言语和非言语行为表达对来访者叙述内容的关注和理解。

倾听技术的主要功能包括：师生间建立良好的关系，教师向学生传达自己真切的关注和尊重；鼓励学生开发自己，坦诚表白，讲自己的故事；专心聆听与观察学生的言语与非言语行为，深入其内心世界。

2.情感反应技术

情感反应技术的基本作用就是引导学生厘清其模糊不清的主观情绪，获得对自己的整体性认知，协助学生了解自己的感受并接受这些感受。情感反应也有稳定学生在会谈当时心情的作用，让学生感觉到老师对自己深切的体谅和理解，增进学生的安全感和对教师的信任度。

3.具体化技术

具体化是指教师协助和引导学生清楚准确地表述他们的观点、所体验的情感以及所经历的事件，使谈话话题指向具体的事实和细节，使双方讨论的问题更加清晰、准确。教师可以通过“何人、何时、何地、有何感觉、有何想法、发生什么事、如何发生”等问题来引导学生。

4.自我表露技术

自我表露技术是教师有时会采用的一种技术，即教师向来访者表露自己的一些隐私的信息，以达到拉近与学生的距离，并为学生提供一定启发意义的目的。

5.共情技术

教师具备共情的能力不仅有助于完善自身人际关系，有助于与学生的交流，也为学生学会换位思考树立榜样，增进学生的共情能力。

6.面质技术

面质技术又称对立、对质、对峙等，是指教师指出来访者在态度、思想、行为等方面或相互之间的矛盾。教师要通过询问技术，协助当事人面对自己的矛盾之处。面质的意义在于学生对自己的感受、信念、行为及所处环境能有深入了解，这能鼓励他们放下包袱，面对现实，实现协调统一。

学生典型个案访谈记录

访谈时间	
访谈人员	
访谈目的	
访谈准备	
访谈过程	

续表

访谈收获	
访谈反思	

个别学生辅导记录

<table>
<tr><td>辅导教师</td><td></td><td>辅导时间</td><td></td><td>辅导地点</td><td></td></tr>
<tr><td>辅导学生</td><td colspan="5"></td></tr>
<tr><td>学生存在问题</td><td colspan="5"></td></tr>
<tr><td>帮教内容</td><td colspan="5"></td></tr>
<tr><td>帮教措施</td><td colspan="5"></td></tr>
<tr><td>帮教效果</td><td colspan="5"></td></tr>
</table>

第四单元　课外活动组织观察与指导

第一节　课外辅导活动计划

一、课外辅导

课外辅导就是针对课外活动的辅导。课外活动可分为校内活动和校外活动，二者的区别在于组织指导机构的不同。校内活动是由学校领导，教师组织指导的活动；校外活动是由校外教育机关组织指导的活动。这里应注意的是，校内活动并不仅仅限于学校范围之内，也可以是在校外组织活动，它与校外活动的区别只是组织和领导方面的不同。在这里，我们把校内活动和校外活动统称为课外活动。课外活动的类型很多，可以是个人活动，也可以是小组活动。从中小学的实践来看，目前主要是小组活动，如兴趣小组等。课外辅导也是教学过程的重要环节。一般来说，课外活动具有自主性、灵活性、实践性的特点。

二、制订课外活动计划

中小学课外活动实践，首先要制订课外活动计划。课外活动计划一般包括目的意义、指导思想、实施原则、实施范围、实施步骤、主要项目工作内容、时间安排、活动形式、活动工程实施领导小组等内容。

课外活动（拓展性课程）计划表

活动名称	
活动时间与地点	
活动目标	

续表

活动领导小组	
活动指导思想	
活动原则	
实施步骤	
活动内容	

续表

活动预案	
活动后反思	

第二节　课外活动的实施与指导

课外活动指导表

<table>
<tr><td>辅导教师</td><td>姓名</td><td></td><td>性别</td><td></td><td>所教学科</td><td></td></tr>
<tr><td rowspan="4">辅导学生</td><td colspan="6">个体辅导</td></tr>
<tr><td>姓名</td><td colspan="2"></td><td>性别</td><td></td><td>班级</td></tr>
<tr><td colspan="6">集体辅导</td></tr>
<tr><td colspan="2">辅导人数</td><td></td><td>班级或小组</td><td colspan="2"></td></tr>
<tr><td>辅导方式</td><td>学业辅导
（ ）</td><td colspan="2">兴趣特长辅导
（ ）</td><td>身心健康辅导
（ ）</td><td colspan="2">其他
（ ）</td></tr>
<tr><td>辅导内容重点</td><td colspan="6"></td></tr>
</table>

续表

辅导内容重点	
辅导效果与反思	

第五单元　家访工作

家访，是家庭访问的简称，是进行个别家庭教育指导的一种常用的有效方式，主要是解决儿童、青少年的个别家庭教育问题。家访作为学校工作的一项重要内容，是连接学校和家庭的重要纽带，是增进家校关系和师生关系的重要桥梁，是提高学校教育和家庭教育水平的重要途径。

教师通过与学生、家长的交流，了解每一个学生的家庭状况、学习环境、学生的个性以及在家的表现，这种方式能更真实、更全面地了解学生情况，了解家长的希望、要求以及教育方法等，为今后的教学工作奠定基础。教师通过向学生家长讲述学校的基本情况，帮助家长树立正确的教育理念，帮助解决家庭教育方面的一些困惑，增强家长的责任意识和信任度，使家长能主动参与到学校的教育教学管理中来，更有信心地和学校携手，共同做好学生的教育工作。

目前，家访形式已经有所变化，出现了很多新形式，如家长到校访问、利用现代媒介技术进行访谈等。

第一节　个别化访谈

学生家长个案访谈记录

访谈时间	
访谈人员	
访谈目的	

续表

访谈准备	
访谈过程	
访谈收获	

续表

访谈反思	

第二节 走访学生家庭记录表

<table>
<tr><td>学生姓名</td><td></td><td>就读班级</td><td></td></tr>
<tr><td>家庭住址</td><td colspan="3"></td></tr>
<tr><td colspan="4">学生在校表现:</td></tr>
<tr><td>家访时间</td><td></td><td>家访形式</td><td></td></tr>
<tr><td colspan="4">家访内容(学生在家学习、生活等情况):</td></tr>
<tr><td colspan="4">家长对学校、教师的意见及建议:</td></tr>
</table>

第三节　家长会集体访谈

家长会一般是由学校或教师发起的，面向学生、学生家长的会议或活动，家长通过与教师的交流、互动了解学生在校情况。家长会一般有一项或多项主题，以教师讲述和传达、教师和家长互动为主要形式。家长会的召开一般是由于学校或班级有重大事项宣布；或学生面临升学，中考或高考的专题讲座；或类似家长学校课程。家长会的目的是为了准确、及时地向家长通报学生或学校教学情况、变化、日程等。家长会的形式有很多，通常由教师组织，以学生表演或学生作品演示，家长参观或鉴赏为主要内容。家长会能增加教师、学生、家长三方的互动，并对一段时间内的学生学习成果进行展示。家长会多安排在学期末或重要节日前举行。

一、家长会展开的程序

1. 确定会议主题和开会形式

首先，确定家长会的主题，即通过这次家长会，需要达到什么样的目的，是通报学生的学习生活状况，还是辅导家长做好学生的考前准备工作等，只有明确了主题和目的，才能围绕主题组织家长会。其次，可以根据主题和内容的不同，选择和确定合适的家长会形式。总的来说，家长会的形式应该以内容来确定，而不应拘泥于形式本身。

2. 设计家长会流程

家长会的流程从家长的召集准备开始计划，到会议的发言顺序、总体时间的把握，多个方面都要进行明确。通常以时间为顺序，把会议涉及的人、事、物尽量明确下来，如明确发言的顺序、明确讨论的范围、明确会议的整体进行时间等，这点十分重要。明确的流程将帮助老师尽量避免疏漏，掌控会议全程。同时，这部分的内容有些还可以作为发言的内容，如让与会的家长和同学知道接下来的会议内容等。所以，制定流程的步骤一定不可缺少。

3. 主体内容

无论是什么形式的家长会，都应该确定一到两名主持人，主持人可以是班主任，也可以是学生或家长。当然，班主任和教师的发言，都将是家长会的重要开场白或结束语，它将引导会议的议题和进程。所以，确定好主持人后，应该拟定主持人主持提纲、发言人发言提纲等。

4. 做好家长会的通知和召集、会场布置和家长的到会接待工作

把出席家长会的各方名单，会议时间、地点、主题等通过各种形式及时通知到与

会者。在会议开始前，应做好家长的接待、位置安排以及会场布置等工作，可以动员同学们一起来完成这个任务。

5. 开会与记录

家长会开始后，根据先前制订的计划，灵活地进行会议，并做好家长会的活动或会议记录。可安排同学，或采用录音等方式，做好家长会的会议记录，把家长会上遇到的问题记录下来，以留后解决。

6. 会后答疑及总结、回访工作

家长会后，总是会有许多家长需要和班主任、学科教师等进行个别以及小组交流。对此，班主任和教师应该热情对待，耐心释疑。送走家长后，还要适时做好家长会的总结。此外，教师还要做好家长会后的重点问题跟进。

二、家长会主要工作环节

1. 会前的准备工作

(1) 让学生务必把家长会邀请函交给家长（或其他监护人），通知他们在规定时间内到学校参加家长会议，特别要做好特殊学生（如留守学生、单亲学生）的思想工作，争取尽可能多的家长能及时到校参加会议。建议班主任在学生回家前调查、询问一下学生，哪些学生的家长实在不能到会，以便对有多少家长能够出席会议做到心中有数。让不能到会的家长主动电话联系自己，会后对应到但未到会的家长进行电话联系与沟通。

(2) 前后黑板的布置。前黑板：欢迎标语；后黑板："感恩父母" 黑板报。

(3) 做好教室的布置。主要包括班级文化展板、班级活动风采、班级学习目标、量化考核统计、学生作品展、科任教师和班干部介绍等。

(4) 让每一个学生给自己的家长准备一个信封，内容包括学生本人的平时表现、形成性评价要点、学生给家长的一封信、奖状等。信封中放一支笔，便于家长写建议、写家长心语。

(5) 安排专人做好班级卫生工作和后勤服务工作以及家长接待工作。

(6) 物色两名班干部做家长会主持人，指导他们设计好家长会流程并主持会议。

(7) 做好讲话稿，就班级管理目标、班级管理措施、家长需要配合的工作等向家长作一个全面的工作报告，让家长对学校、班主任的工作放心。演讲要有科学性、针对性、教育性。

(8) 准备任课教师、班干部、学生代表、家长代表发言、班主任发言、家长自由发言及互动交流环节。

①任课教师发言。发言的任课教师要准备好发言稿。发言不要仅仅从自己所教

学科的角度出发，要能代表所有任课教师。让家长知道我们的教师团队敬业、爱生，让家长赞同我们、支持我们。

②班干部发言。通过学生干部的发言，让家长知道我们班风正、学风浓，班级是一个和谐、温暖、奋进的大家庭。班干部可以代表班级集体的心声表决心，甚至可以集体宣誓，表达全体学生好好学习、感恩老师、报答父母的心情。

③学生代表发言。找学生发言不要只找成绩好的，要在各个层次选出一名代表并准备好发言稿（原则是成绩未必都优秀，但都应品行优秀、学习态度好、上进心强）。要把全部学生的积极性都调动起来，把到会家长的信心都鼓动起来。

④家长代表发言。要事先安排好，动员经常与自己联系的家长发言，尽量让其准备好发言的书面材料。别在会上临时找人发言。

⑤班主任发言。就班级管理目标、班级管理措施作工作报告。自己做过的工作一定要讲，让家长了解自己、佩服自己、支持自己，千万不要过分谦虚，让家长误会你、看不起你。作班级成绩分析。对各学科教学、考试分数情况进行分析，分析班级发展状况及班级在年级所处的位置，科学介绍班级在今后的工作打算等。作学情分析。要讲每一个到会家长的孩子的表现，包括思想、学习和纪律等方面的表现，尤其突出学习和纪律方面。班主任在家长会上要让每一个家长都能高兴地看到他的孩子的优点，并冷静地看到存在的不足，为此，班主任要注意讲话的艺术。当然，学生普遍存在的问题要反映，家长有疑问的情况一定要解释，也不能避实就虚，忽悠家长。对家长提出希望和建议。指出哪些方面是要家长配合的，哪些是要家长管理的，如何管，等等。望家长以后多联系，对自己没有能及时和家长沟通要解释并表达歉意，表明以后一定把工作做得更好。

⑥家长自由发言及互动交流。指定家长发言；家长自由发言或提问；请家长写下给自己孩子的话（家长心语）；请家长写下对学校的意见和建议。

2. 会后整理家长会材料

把家长会所有相关材料（含各种发言稿、签到表和家长意见反馈表等）整理好并上交年级组存档。

家长会策划方案

<table>
<tr><td>主题</td><td></td><td>形式</td><td></td></tr>
<tr><td>主要内容</td><td colspan="3"></td></tr>
<tr><td colspan="4">流程描述：</td></tr>
<tr><td>主持人</td><td></td><td>记录员</td><td></td></tr>
<tr><td>资料</td><td></td><td>发言人确定</td><td></td></tr>
</table>

续表

发言稿提纲:
注意事项:

第六单元 综合性教育实习鉴定评价表

<table>
<tr><td>学生姓名</td><td></td><td>学号</td><td></td></tr>
<tr><td>见习学校</td><td colspan="3"></td></tr>
<tr><td>带队教师评价</td><td></td><td>实习指导教师评价</td><td></td></tr>
<tr><td>实习生实习工作小结</td><td colspan="3"></td></tr>
</table>

续表

<table>
<tr><td rowspan="2">专业实习工作小组评语</td><td colspan="3"></td></tr>
<tr><td>评价分优、良、中、及格和不及格五个等级。</td><td>组长签字</td><td></td></tr>
</table>

第三编　教育研习

第一单元　教育研习概要

教育研习是师范生完成教育实习后，针对教育见习、教育实习中的不足和缺陷进行补缺、补差、再提高的过程。通过教育研习，能进一步完善自身的知识结构、能力结构、技能结构，提高心理素质。教育研习对教育实习中遇到的问题作进一步的探讨和研究，这将提高学生对职业道德的理性认识，进一步体验现代教育观念在教育教学过程中的特殊地位和作用。根据《浙江省高校师范生教育实践规程（试行）》，教育研习时间不能少于2周。教育研习贯穿所有实践教学过程，但也要集中2周时间进行专项教育研习活动。

第一节　教育研习内容、组织方式与考核标准

一、教育研习内容与组织方式

研习任务	主要内容	组织方式	时间要求	研习成果
教学工作研习	1. 至少1节公开课并课后说课，评议； 2. 结合课例课标研习； 3. 结合备课文本研习； 4. 课例案例研究。	1. 小组合作研讨，个人反思与总结； 2. 回校之后组织实习总结会。	不少于2周，学时不少于40个。	1. 教学叙事2篇； 2. 教学后记4篇； 3. 课例/案例分析1篇； 4. 教学反思1篇。
班队管理工作研习	1. 班级管理案例研习； 2. 少先队工作案例研习； 3. 特殊学生个案研习。			选择一项案例，撰写分析报告或小论文1篇。
教研工作研习	1. 对实习期间形成的教育访谈（文本或视频）、教育调查文本材料的研习； 2. 对实习总结、教育叙事、教学后记、教学案例（课例）分析的研习。			教育叙事、教学后记、教学案例（课例）反思文本。

二、教育研习生纪律

（1）教育研习期间，研习生应严格遵守学校的各项规章制度，认真听取指导教师的指导，虚心学习。

（2）研习生有事须向带队教师请假，经指导老师同意，办好书面请假手续后方可外出。

三、教育研习考核方式

（1）教育研习考核由各高校负责，考核成绩按照优秀、良好、中等、及格与不及格五级制评定。

（2）教育研习成绩考核以教师评价与学生互评相结合的方式，综合研习材料准备、研习过程表现和研习结果三个方面。其中，研习材料准备占20%，研习过程表现占40%，研习结果占40%。学生须在研习课程结束后2周内上交研习报告。

四、教育研习考核参考标准

考核项目	教育研习考核指标	分值	评分
研习准备（20）	与指导教师讨论，确定研习方案。	10	
	准备教学叙事、课后反思、教学后记、案例材料、实习体会等研习材料。	10	
研习过程（40）	在研习中，积极发言，主动参与讨论。	10	
	从材料中发现问题、提炼观点。	15	
	思路清晰、观点表达充分、语言流畅。	15	
研习结果（40）	研习报告格式规范，层次清晰。	15	
	研习报告内容不空洞，实践反思效果明显。	25	
得分			
等级			

第二节 教育研习动员会

教育研习是对教育实习的全面总结，指导教师会对同学们进行动员，并布置任务、分配小组。

教育研习动员会记录表

主持人	
参会人员	
记录	

第二单元　教育研习主要任务

第一节　教学叙事

一、教学叙事内涵

教学叙事是教育叙事的一种，就是讲有关教学的故事。它是教育主体叙述教学中的真实情境的过程，其实质是通过讲述教学故事，体悟教学真谛。通过教学叙事展开对教学现象的思索，对教学问题的研究，是一个将客观的过程、真实的体验、主观的阐释有机融为一体，发现和揭示教育经验的过程。

教学叙事撰写需要注意如下要素：

(1) 叙事应该有一个主题。叙事的“主题”是从某个或某几个教学事件中产生，而不是将某个理论问题作为一个“帽子”，随意选择几个教学案例作为例证。

(2) 教学叙事形成的报告是一种“教育记叙文”而不是“教育论文”。

(3) 叙事研究报告以“叙述”为主，但是在自己“反思”的基础上写的，“夹叙夹议”。这能够更真实、更深入地反映研究的全过程和作者的思考成果。

(4) 教育叙事对改进自己的教育教学思路，提升自己的教育教学水平有强有力的推动作用。既是一种指导参与式培训，又是一种探究式培训。

二、教学叙事案例

案例一　粗糙的美丽

周五走进教室，看到一双双明亮的眼睛紧盯着我，一个个红红的小嘴露着笑意 —— 孩子们等着我评价他们的小制作。尽管有心理准备，看到学生摆在课桌上的手工“作品”，我依然有种失落感。红土粘泥做的五角星、小花朵、甚至半圆半瘪的小泥球……一个个裂纹遍布，丑陋、粗糙、单调、呆板……

因为要上口语交际课“我的小制作”，我根据本地红土多的条件，提前一周布置下了用粘土做小制作的活动。今天，是展示手工成果的时间。

尽管我脸上保持着习惯性的微笑，心中却打鼓：这样的手工如何描述呢？这些孩子又能说出什么样的话来？但我知道，我不能以我自己的标准去评判孩子。

首先我肯定了大家能够完成作业的精神，然后先让同学们在组内交流，说说制作过程，说说自己的想法，听听别人的说法，交流一下制作心得……

班里立刻热闹起来。大家七嘴八舌，一改往日的拘束和沉闷：这个说怎么找到的红土，那个讲请谁帮了忙，这个说开始水浇多了团不成形状，那个说越摔觉得泥越有粘劲儿，做小花的告诉我怎么掐的花瓣，做小鸡的介绍说头是怎么安在身子上的……

小组交流的热烈气氛让我始料未及，全班交流的精彩程度更让我惊喜不已。有的说：找粘土不费劲，我们家里团煤球时剩下好多呢，不过，我嫌表层的泥土不粘，自己深挖了一些；有的说，我团泥球团了好多，要多大团多大，滚起来一点也不比玻璃球差，可好玩了；有的说：我做了小母鸡，我知道我二叔家有两只，便到他家里照着做，开始怎么也不能把鸡头安在身子上，还是二叔告诉我用小棍给连上的。

……

一节课，孩子们说得意犹未尽，我听得如醉如痴。

原来，只要我们给了孩子创造的机会，孩子就能心灵手巧；只要我们给了孩子表达的自由，孩子就能畅所欲言；只要我们用孩子的眼光去欣赏孩子的世界，粗糙何尝不是最精致的美丽！

反思：语言不是刻意营造的东西，它深植于生活的肥沃土壤。为孩子们创造说话的理由和环境，拆除说话的条件和框架，课堂上训练的口语能力就能真的变成生活中的交际能力。

课堂是孩子们的课堂，它依附于孩子的认识水平。只要把孩子的课堂交还给孩子，而不是用老师的眼光拔高课堂的标准，课堂就能变成孩子成长的乐园。(资料来源：河北省沧县高川乡前高龙华小学沈培岗)

案例二 幸福的纸片

我正在办公室忙着，一个女孩兴冲冲地进来了。

“老师，我们已准备好了。”还未等我反应过来，她兴奋地接着自语，“朗读的时候，我们组要求把班里的灯全关掉，并且把窗帘全拉上。”

“啊？……”我纳闷。

“老师再见！别忘了哦。”她的声音已远了。

此时，我才如梦方醒：又到星期五了，又到我们班朗读展示课了。

为了提高七年级学生学习语文的兴趣，培养他们的语感，引领他们主动接触语言文字，思量再三，我决定把每个星期五的最后一节课挤出来作为朗读展示课。文章内容自选，展示方式自选，展示机会自选——充分的自主选择权，使我们的朗读展示课洋溢着青春的热情。

怀揣着几分期待，我走进班里。她看着我，眼神中闪着自信，仿佛在说：老师，您瞧好吧，我们会上演一出好戏！

他们组（组名：向日葵）合作朗读的是《盲孩子和他的影子》。

略显粗糙的设计，认真专注的演绎。

全班安静无声，只有他们在忘我地读着、演着……

李敏的声音富有质感。旁白在她舒缓有度、抑扬顿挫的朗读中显得层次分明、引人入胜。

袁民的朗读还显得太紧，未能充分读出人物 —— 影子的心境。但能融入集体，大胆地站上讲台，对性格腼腆、语文基础薄弱的他来说已是长足的进步了。

表演进行中，组长杨涛左手半举着一张纸片，扇着叉着腰的右臂，慢慢移上讲台……

我们的目光都被这张纸片吸引了。

这不是一张普通的纸片，它被精心剪裁成了萤火虫的模样，它被学生赋予了生命，化身为了光明的使者。

这是一张幸福的纸片！如果没有孩子们对语言的揣摩，没有孩子们对文字的玩味，它或许已和其他废纸一道，静静躺在某个阴暗角落里，等待着被扫地出门变成垃圾的结局。

而现在，它变成了光明的使者，照亮了故事里盲孩子的黑暗，也照亮了故事外学生们的慧心。

掌声中，“向日葵”的队员意犹未尽地回到各自的座位上。接下来的点评就像他们的队名，朵朵朝向太阳，句句指向创意。

“他们组的朗读富有创意，不仅声情并茂，还巧妙地设计了一些动作，制作了道具。”

“我觉得他们组的朗读方式与以往的不同，他们不仅是读，而且还有演的成分，这样能吸引人。”

“下一次我们组也要尝试尝试，每天创意多一点。”

听着学生的发言，我心里涌动着欣慰：创意，是的，希望这小小的创意的种子能在他们的心中扎下深根，枝繁叶茂。

反思：创意是什么？创意是把冰冷的文字变成温热的朗读，创意是把普通的纸片剪成通灵的萤火虫，创意是把朴素的文本变成生动的表演。创意来自哪里？将文本交给学生，把课堂还给学生，学生的课堂学生作主，创意就在自主选择里诞生了。学生从来不缺少创意，只要我们愿意放手，只要我们愿意欣赏，只要我们相信，创

意就像那幸福的纸片，能随着我们的心灵变成我们想要的模样。(资料来源：安徽省当涂县新市初中王胜强)

三、教学叙事任务

第一，可以把自己在教育实习期间发生的与课堂教学、课堂管理、课外辅导、自己的成长相关的事件用故事的方式记录下来。

第二，也可以有目的地在教育反思的基础上整理实习过程中的小事件，形成教学叙事。

教育教学叙事　1

主题	

教育教学叙事　2

主题	

第二节　教学后记

一、教学后记内涵

教学后记，亦称“授课心得”“教后感”，顾名思义，就是教师教完一堂课后，对整个教学过程的设计和实施效果进行回顾和小结，将经验、教训和自我体会记录在案的过程。写教学后记是教师对自身教学工作的检查与评定，是教师整理教学效果与反馈信息、适时总结经验教训、找出教学中的成功与不足的重要过程。常写教学后记，对教师提高自身教学水平，优化课堂教学是有好处的。

二、教学后记记录要点

1. 记教学过程中的“亮点”

所谓教学过程中的“亮点”，就是自己在教学中的成功做法。每节课都有不同的成功之处，将这些有助于达到预先设想目的、能引起教学共振效应的做法记下来，作为经验，进一步反思和提升。

2. 记教学过程中的“败笔”

再完善的教学设计也有疏漏失误之处，把这些课堂教学过程中的“败笔”记录下来，经过反思，提出改正建议，这就是好的教学后记。

3. 记教学过程中的“思维火花”

课堂上随着教学内容的展开、问题情境的创设或者一些偶发事件的产生，教师可能会产生一些灵感，这些智慧的闪光点往往是“突如其来，突然而逝”，如不及时利用教后记去捕捉这些“偶然”，灵感就会转瞬即逝，这会留下很大的遗憾。

4. 记学生学习中的“拦路虎”

教师要善于在学生进行动手实践、自主探索、合作交流等不同形式的学习过程中发现问题，也可以通过与学生交谈或问卷的形式，征求学生对本节课的意见，了解学生学习中的困难所在，教师若对难点吃不透、对重点找不准就容易以面代点。突破课堂难点，就是要对课堂中学生反应强烈的部分进行分析，这样才能及时查缺补漏，对症下药，及时搬掉“拦路虎”，及时予以补救。

5. 记“再教后记”

写“再教后记”，考虑一下再教这部分内容时应该如何改进，才能比此堂课更精彩。这样可以扬长避短，把自己的教学水平提高到一个新的境界。

总之，记教学后记，贵在及时、贵在坚持。一有所得，及时记下，这能防止遗忘，以记促思，日积月累，必有所得。长此以往，定能提高自己的教学水平，不断丰富自己的教学内容，为今后的教育、教研工作提供充足的“能量”。

公开课教学后记 1

教学后记题点	

实习课教学后记 2

教学后记题点	

实习课教学后记 3

教学后记题点	

实习课教学后记　4

教学后记题点	

第三节　课例 / 案例分析

一、课例与案例

课例就是实际的教学例子，是对教学问题和教学决定的再现和描述，即“讲述教学背后的故事”。教学课例反映的是课堂教学活动从设计到实施的全过程。通常认为，教学课例以某一节课或某些课为研究对象，展现教学实际场景，进行课例分析，有利于对课堂教学进行改进、优化和提高。

教学课例主要包括三个部分，即教学设计、教学实录和教学反思。其中，教学设计是指某节课或某些课的教学设计方案（教学预期）；教学实录是对实际教学场景的记录（教学生成的记录）；教学反思则描述了教学预期的实现程度，也就是对教学的评价。

课例分析是对一节课或是精彩片断的深挖掘，重在解剖和反思。它具有典型性、研究性和启发性的特点。

在课题研究中，难免要涉及“课例分析”与“案例分析”，这两者在概念、形式上既有联系又有区别，很容易混淆。把握它们之间概念、形式的区别，有助于我们准确地开展“课例分析”和“案例分析”的工作。

案例与课例记录都发生在课后，都是对已经发生的教学过程的反映，也是对教学情景的记述，两者体裁也比较接近，但还是有本质区别的。

案例就是一个典型的事件或故事，教育案例就是教育中具有典型性的真实事件，它记述着具有代表性的教育实践过程。教学案例是教育案例的一种形式。教学案例是教师描述教学实践中所发生的事件，讲述一个具体教学中的情景故事，呈现事件或故事中的问题，并就某问题发表自己的看法和评述，通过揭示，说明一种带有普遍性的道理。

课例是真实的课堂教学过程实录，教学课例是教师对课堂教学具体化、特例化的记叙。教学课例可以展示一堂课、课中的片断或一系列课程。

教学案例一般由背景、情景故事（或事件）、问题及解决问题、评析与思考等要素组成；教学课例一般由教学设计、课堂实录、教学反思等要素组成。

教学案例是课堂教学的典型事例的讲述，是鲜活的描述，具有形象描述、生动显现、揭示问题、说明道理等特点；教学课例是课堂教学过程的记述，是如实的白描，具有真实记述、课堂再现、暴露问题、提出反思等特点。

教学案例的评析是记叙基础上的分析，表明对案例所反映的主题和内容的看法，以进一步揭示事件的意义和价值；教学课例的反思是指对课堂教学过程中得与失的剖析，目的是提出改进和优化课堂教学质量和水平的措施与办法。

总之，课例是案例的来源，案例的搜集和开发必须来源于课例，来源于真实的课堂教学。但是案例又是对课例的加工和提炼，它源于课堂教学生活但同时又高于课堂教学生活。相对而言，课例研究重在对课堂本身进行改进和提高，而案例研究则重在对案例的搜集和开发。

二、课例分类

1. 问题呈现型

这种课例呈现教师课堂教学实践中所产生的问题，主题往往就是问题。它关注理论与实践的结合，从学科教学实践中存在的问题出发，设法找到恰当的理论和策略来解决问题，以问题的形式唤起教师的反思和行动。问题通常是开放性的，没有相对统一的共识。

2. 经验分享型

这种课例主要描写教师一个新颖的教学设计及随后的教学改进过程。通常会以“故事”和叙事的形式来获得知识和沟通，课例是重要的教学资源，是教学理论无法取代的默会知识。整个课例研究的过程就是发现资源、开发资源、拓展资源、共享资源的过程。

3. 理论验证型

这类课例的出发点往往是对某种教学思想或教学理论价值的尊崇，认为教学是将理论与方法应用于实际的结果，课例为印证理论、检验理论与方法提供了实据。这种课例暗含的结构是演绎型的，就是从理论观点出发，按照理论来设计和改进课堂教学，最终再用该理论来解释教学。

4. 知识产生型

这种课例比较少见，但价值较高。这里的知识产生是指课例所反映的新的教学思想、理论视点等，也包括课例研究中的新发现、获得的新知识。

三、如何撰写课例分析

课例包括导言、问题、解决问题过程中的主要事件及策略、反思等部分。撰写课例要有合适的主题，有独特的思考，着眼于教育教学问题，突出教学反思，对研究资料进行归纳分析，探寻具有规律性的东西，赋予事件以教育意义。撰写课例要注意：

(1) 必须是有感而发，即使是事后回忆也要尽量向真实的“课堂场景”靠拢，不能编撰细节。

(2) 必须有对细节的描述，师生的对话片段尽量少用形容词，多用白描方式，让“对话”贴近真实，少些教师的主观色彩。

(3) 要敢于面对不同声音，要勇于剖析自己教学设计中的“成功”与“失败”。

(4) 要有理论的提升。

教学课例分析

教学课例标题

教学案例分析

教学案例标题

第四节 教育研习经验总结

教育研习经验总结表

标题	
需要将在教学、班主任、教研等岗位上教育综合实习中的过程、故事、收获作系统总结	

续表

第三单元　教育研习鉴定评价表

<table>
<tr><td>学生姓名</td><td></td><td>学号</td><td></td></tr>
<tr><td>研习小组</td><td colspan="3"></td></tr>
<tr><td>指导教师评价</td><td></td><td>研习小组评价</td><td></td></tr>
<tr><td>研习生研习工作总结</td><td colspan="3"></td></tr>
<tr><td rowspan="2">专业实习工作小组评语</td><td colspan="3"></td></tr>
<tr><td>评价分优、良、中、及格和不及格五个等级。</td><td>组长签字</td><td></td></tr>
</table>

参考文献

[1] 里德，贝格曼 . 课堂观察、参与和反思：第 5 版 [M]. 伍新春，夏令，管琳，译 . 北京：教育科学出版社，2009.

[2] 周跃良，杨光伟 . 教育实习手册 [M]. 北京：高等教育出版社，2011.

[3] 金建生 . 教师职业技能训练 [M]. 天津：南开大学出版社，2014.

[4] 钟启泉，汪霞，王文静 . 课程与教学论 [M]. 上海：华东师范大学出版社，2008.

[5] 曾文婕，黄甫全 . 小学教育学：第 5 版 [M]. 北京：高等教育出版社，2017.

[6] 沈嘉祺 . 小学教育实践手册 [M]. 上海：华东师范大学出版社，2012.

[7] 陈大伟 . 怎样观课议课 [M]. 成都：四川教育出版社，2006.

[8] 崔干行 . 教育实习 [M]. 广州：广东人民出版社，2000.

[9] 刘初生 . 教育实习概论 [M]. 长沙：湖南教育出版社，2001.